城市轨道交通专业培训系列教材

城市轨道交通车站客运服务

（第二版）

上海申通地铁集团有限公司
轨 道 交 通 培 训 中 心 编著

中国铁道出版社有限公司

2023年·北 京

内容简介

本书结合上海地铁二十余年的经营管理工作的经验，阐述了城市轨道交通客运服务标准、服务流程、服务要求、票务管理、设施设备、客流组织等内容。

本书可作为城市轨道交通职工培训教材，也可作为城市轨道交通高等职业院校学生的教学参考用书。

图书在版编目(CIP)数据

城市轨道交通车站客运服务/上海申通地铁集团有限公司轨道交通培训中心编著. —2版. —北京:中国铁道出版社有限公司,2019.8(2023.7重印)
城市轨道交通专业培训系列教材
ISBN 978-7-113-26054-5

Ⅰ.①城… Ⅱ.①上… Ⅲ.①城市铁路-客运服务-技术培训-教材 Ⅳ.U239.5

中国版本图书馆CIP数据核字(2019)第149345号

书　　名：**城市轨道交通车站客运服务（第二版）**
作　　者：上海申通地铁集团有限公司轨道交通培训中心

责任编辑：崔忠文　　电话：(010) 51873146　　邮箱：dianwu@vip. sina. com
封面设计：崔丽芳
责任校对：孙　玫
责任印制：赵星辰

出版发行：中国铁道出版社有限公司（100054，北京市西城区右安门西街8号）
网　　址：http://www. tdpress. com
印　　刷：番茄云印刷（沧州）有限公司
版　　次：2010年1月第1版　2019年8月第2版　2023年7月第2次印刷
开　　本：710 mm×1 000 mm　1/16　印张：9.75　字数：140千
书　　号：ISBN 978-7-113-26054-5
定　　价：35.00元

城市轨道交通专业培训系列教材

编写委员会

主　　任：毕湘利

副 主 任：叶华平　周庆灏

委　　员：(按姓氏笔画为序)

丁建中	王　伟	王　征	王子强	王曰凡
王伟雯	王如路	王育才	王晓保	艾文伟
毕艳祥	朱　宏	朱　翔	朱小娟	朱效洁
达世鹏	刘加华	宋　键	沈光怡	邹　松
陈鞍龙	张凌翔	张琼燕	周俊龙	周剑鸿
施俊明	皇甫小燕	殷　峻	黄　钟	鲁新华
戴　祺	瞿　锋			

编　写　组

组　　长：叶华平

副 组 长：李　益　杜晓红

成　　员：(按姓氏笔画为序)

丁　晨	孙沪澄	吴玲英	李　缨	陆国春
陈春根	林　宏	姚　军	姚纯洁	姚晓荣
徐　凯	徐金祥	唐　益	夏　熠	蒋义华

《城市轨道交通车站客运服务》

编 写 人 员

主　　编：王伟雯

副 主 编：高　洁　彭　博

主　　审：殷　峻

编　　著：（按姓氏笔画为序）

马玉芳　王伟雯　艾文伟　孙克勤　纪如芳

许旻亮　陈　梁　李　缨　林　晨　苗秋云

胡　媛　施　琪　高　洁　彭　博

序

随着城市化进程的加快，城市“出行难”的社会问题越来越突出。在“以人为本、公交优先”方针指引下，城市轨道交通因运能大、速度快、安全准点、节约资源、保护环境等优点，日益成为广大市民出行的首选，深受市民欢迎。当前我国的城市轨道交通正处在大发展、大建设时期：北京、上海等大城市的轨道交通已率先由单线运营进入了网络化运营；其他城市的轨道交通网络化建设规划也在不断深化和完善。便捷的城市轨道交通运营网络在为市民带来出行便利的同时，也为轨道交通运营部门带来了新的管理课题。

城市轨道交通的自身特点决定了：一旦开通运营，就必须持续保持高度的安全性、可靠性和服务的人性化。网络化运营带来的客流迅猛增长，对客运组织和客运服务提出了高要求。城市轨道交通的发展需要有一大批专业人才，急需有一套能满足城市轨道交通网络化运营要求的人才培训教材。

这套《城市轨道交通专业培训系列教材》是以上海城市轨道交通运营实践为基础并结合全国轨道交通发展状况，推出的面向国内、面向未来的教材。城市轨道交通多专业“联动”的要求决定了专业技术人才的“一专多能”要求，因此本“系列教材”既是城市轨道交通各专业人员的入门和提升培训教材，也能满足非本专业人员对其他专业的业务进修。

多位具有运营实践的专业技术人员，提炼总结多年积累的地铁各专业运营管理与维护方面的经验及解决实际问题的思路和方法，汇编成书，期望能给轨道交通运营管理与维护人员以启迪和帮助。

“源于实践、高于实践”，“符合国情”是本系列教材的两大特点，不但可以满足当前运营管理培训的需要，也为今后城市轨道交通网络化发展的管理提出了新的思考和知识点。随着城市轨道交通不断引进新技术，随着运营管理的要求越来越高，虽然书中阐述的技术和管理的基本原理是相同的，但是《城市轨道交通专业培训系列教材》必然还要在实践中不断补充实例、不断完善，希望本系列教材能真正成为技术和管理人员的“良师益友”。

编写委员会

2019年1月

前　言

截至 2019 年 1 月，上海地铁线路总长已达到 704.7 km，日均客流数超过 1 100 余万人，路网规模世界第一，初步形成与国际化大都市框架相适应的网络化轨道交通运营系统。城市轨道交通是集线路、车辆、供电、通信信号、自动售检票、运营管理等多专业工种于一体的综合系统；新工艺、新技术在城市轨道交通各个专业得到充分的运用；城市轨道交通职业是新的职业工种，所以对从业职工的岗前培训、岗位培训以及技能考核，成为城市轨道交通职业教育的重要任务。

《城市轨道交通车站客运服务》一书，由经验丰富的专业培训师和工作在第一线的业务骨干负责编写，结合上海地铁二十余年的经营管理工作的经验，对于服务标准、服务流程、客运服务要求、票务管理等进行提炼总结；作为一本面向城市轨道交通一线职工的教材，理论联系实际是这本教材的特色。此外，本书结合上海城市轨道交通网络化运营，对客运组织、客运服务、车站服务理念都做了创新性的阐述。

本书第一版于 2010 年正式出版，受到全国各轨道交通企业、相关专业院校师生的好评。随着城市轨道交通的快速发展、运营各工种分工的进一步细化，近年来乘客和社会对车站运营的要求日益提升。我们迫切需要一本能反映当前轨道交通运营现状，符合企业用人需求，具有实践指导意义的培训教材，以帮助企业培训一支业务素质高、应急处置能力强的车站工作人员队伍，能妥善处理车站的乘客事务、突发情况，确保车站有序运行。因此，在第一版的基础上，编写人员删除了部分过时的内容，增加了城市轨道交通企业规章制度的内容，从第一版仅侧重客运服务转变为既强调服务，也强调安全及应急处置，并且为屏蔽门等车站新设备的操作单列章节，同时弱化基础知识部分，以免与城市轨道交通概论教材重合。

本书在编写过程中得到了上海申通地铁集团有限公司各运营公司、运营管理中心领导及管理人员的指导和帮助,也得到了相关企业的大力支持,在此表示衷心的感谢!

本书不仅是城市轨道交通职工培训教材,也可以作为城市轨道交通大专院校、职业学校学生的教学参考用书。

编　者

2019 年 7 月于上海

前　言

（第一版）

随着我国国民经济的不断发展，各大城市的轨道交通建设均进入快速发展期，城市轨道交通运能大、能耗低、污染少、速度快、安全、准点的优点，使其成为深受广大乘客欢迎的城市交通工具。北京、天津、上海、广州、深圳、南京、沈阳、成都、杭州、西安、苏州等 20 多个城市均在加紧进行轨道交通建设。

城市轨道交通是集线路、车辆、供电、通信信号、自动售检票、运营管理等多专业工种于一体的综合系统；新工艺、新技术在城市轨道交通各个专业得到充分地运用；城市轨道交通职业是新的职业工种，所以对从业职工的岗前培训、岗位培训以及技能考核，成为城市轨道交通职业教育的重要任务。

《城市轨道交通车站客运服务》是在借鉴上海地铁运营有限公司《站务员》一书的基础上，由工作在第一线的各专业工种培训师撰写。结合上海地铁十余年来运营管理工作的经验，对于服务标准、服务流程、客运服务要求、票务管理等都进行了反映和概括；作为一本面向城市轨道交通一线职工的教材，理论联系实际是这本教材的特色，尤其结合上海城市轨道交通网络化运营，本书对客运组织、客运服务、客运服务理念都做了创新性的阐述。

本书在编写过程中得到上海申通地铁集团有限公司技术研究中心、运营管理中心、各运营公司领导及运营服务管理人员的指导和帮助，也得到相关企业的大力支持，在此表示衷心的感谢！

本书不仅是城市轨道交通职工培训教材，也可以作为城市轨道交通大专院校、职业学校学生的教学参考用书。

编　者

2009.12 于上海

目　录

第1章　城市轨道交通车站的构造与类型

1.1　城市轨道交通概述

城市轨道交通(Urban rail transit)，是城市公共交通系统中的一个重要组成部分，泛指在城市中沿特定铁轨运行的公共交通工具。

城市轨道交通系统是对此一系统的现象进行描述的命名方法，“城市”指在人口稠密的城市地区，“轨道交通”是指以轨道形式为主的交通模式。城市轨道交通在我国的定义是：“采用轨道结构进行承重和导向的车辆运输系统，依据城市交通总体规划的要求，设置全封闭或部分封闭的专用轨道线路，以列车或单车形式，运送相当规模客流量的公共交通方式。包括地铁系统、轻轨系统、单轨系统、有轨电车、磁浮系统、自动导向轨道系统和市域快速轨道系统。”

目前国内较为常见的城市轨道交通类型为地铁与轻轨。

1. 地铁

指涵盖了各种地下与地上的路权专有、高密度、高运量的城市轨道交通系统。

大多数的城市轨道交通系统都建造于地底之下，故多称为“地下铁路”，或简称为地铁、地下铁。由于为了配合修筑的环境，也有地面及地上的路段存在(图1-1)，因此通常涵盖了城市地区各种地底之下与地面上的高、中运量交通运输系统。

一般来说，现代的地铁须具有以下几个条件：

(1)在城市内部运行的大客流量、主要以电力驱动的轨道交通，换言之，该系统须主要在城市内部运行，服务城市；

(2)拥有独立路权，与其他形式的交通没有平交；

(3)班次密集，在白天的频率一般在10 min以内一趟。

图 1-1　部分位于地上的地铁 3 号线漕溪路站

2. 轻轨

轻轨是一种中运量的轨道运输系统。根据我国《城市公共交通分类标准》,“轻轨”与“地铁”的区分方式在于运量不同,“轻轨”为中运量的城市轨道交通系统,而“地铁”是大运量的城市轨道交通系统。香港地铁便包括一个拥有十二条路线的轻铁系统,如图 1-2 所示。

图 1-2　香港地铁兆康站

随着现代公共交通技术的发展,越来越多的城市采用有轨电车和轻轨混合的方式,在腹地宽广的地方单独架轨,在腹地狭窄的地方则采用道路路面，根据具体情况灵活设站，这种具备和机动车混行能力的轻轨电车，与轨道交通的分界越来越模糊。

基于国内轨道交通建设的主要趋势，本书将以国内主要城市地铁车站为例，对轨道交通车站及其客运服务做详细介绍。

1.2　车站类型

车站按照不同的分法可以分成不同的类型。

1. 按客流大小分

随着网络化运营实际的不断发展，地铁一般将运营线路车站主要分为四种类型：小型车站、中型车站、大型车站、特大型车站。各城市划分依据依各城市客流量有所不同。以地铁为例：

(1)符合以下条件之一的，即为特大型车站：

单站日均客流在20万人次以上；

日均客流在10万人次以上的三线以上换乘站；

日均客流在10万人次以上的复杂行车作业车站(指出入库站、常态交路折返站、交路变化咽喉车站)。

(2)符合以下条件之一的，即为大型车站：

单站日均客流在6万人次(含)以上；

日均客流在10万人次以下的三线(含)以上换乘站(上海轨道交通3号线、4号线共线段除外)；

日均客流在10万人次以下的复杂行车作业车站(指出入库站、常态交路折返站、交路变化咽喉车站)；

(3)符合以下条件之一的，即为中型车站：

单站日均客流在2万至6万人次；

两线换乘站(上海轨道交通3号线、4号线共线段除外)；

有道岔的车站；

(4)除特大、大、中型车站外的其他车站，均属于小型车站。

例如地铁人民广场车站(People's Square)就是典型的特大车站。人民广场站位于上海市黄浦区人民广场,为地下车站,是上海轨道交通 1 号线、上海轨道交通 2 号线和上海轨道交通 8 号线的三线换乘枢纽。其中 2 号线和 1 号线的站台为地下岛式站台,8 号线的站台平行于 1 号线,为一岛一侧式站台,其中的侧式站台系 2008 年底利用原有的 1、8 号线列车联络线改建而来,此前的 8 号线站台亦为岛式站台,2 号线站台位于 1 号线和 8 号线站台西北数百米处。

人民广场站的换乘通道一直是个问题,由于在建设的时候并没有很好的计划,因此由一号线通往二号线的换乘通道比由二号线通往一号线的换乘通道要长许多,所以有一些乘客都不愿意走那条较长的通道,而违规地利用较短的通道前往二号线。因此,车站派了工作人员守在换乘通道一号线的出口,防止有乘客利用这条“捷径”进入二号线。

目前,人民广场站换乘大厅已经建设完毕,所有乘客可以通过半下沉式玻璃大厅在 1、2、8 号线之间换乘。圆形玻璃大厅使高峰时间不会形成对冲客流,最大限度地保证了乘客的安全。为了方便外地旅客,在换乘大厅中还设有服务中心和最先进的自动查询系统。人民广场站位于上海市中心,客流量大,所以,人民广场站有 20 个出入口。如图 1-3 所示。

图 1-3　人民广场站换乘大厅示意

2. 按运营功能分

按车站运营功能不同可分为:终点站、中间站、换乘站。

终点站是指设置在线路两端终点的车站,除具有换乘的基本功能之外,还可供列车折返、停留和临时检修之用。中间站的主要作用是供乘客乘车,有些中间站还设有折返线、渡线、存车线等。换乘站是设置在两条及两条以上的有轨交通交叉点的车站，其最大特点是乘客可在计费区从一条线路换乘到另一条线路。

例如世纪大道站就是上海轨道交通首个四线换乘站，是二、四、六、九号线换乘站。

世纪大道站为地下车站，共有 3 个岛式站台和 1 对侧式站台，呈“丰”字形结构布局。其中，地下一层为二号线、四号线和九号线的站厅层，东西走向的六号线从地下一层站厅中部穿过，为侧式站台，因此将站厅分为 A 区、B 区两部分。A 区、B 两区在站厅层层面互不连通，乘坐反方向六号线列车的乘客需要通过二号线或四号线站台进行。如图 1-4 所示。

1.3　车站结构

1. 出入口

地铁车站出入口是连通地铁车站与外界的建筑物，是乘客进出车站的通道。为吸引和方便疏散客流，车站出入口以分散的形式布置为宜，通常一个车站设置 2～4 个出入口。随着地铁线网的不断扩展，城市内地铁车站出入口数量不断增加，其作为城市建筑的一部分，必然对城市景观和城市环境产生一定的影响。因此车站出入口的设计除满足吸引、疏散乘客的需要外，还应满足城市规划和城市景观的要求，做到协调、美观、易于识别。按地下建筑规范，一个车站的出入口不得少于 2 个。有些车站的出入口是直接通地面，而有些则是和某些建筑相连通的。如图 1-5 所示。

2. 通道

用于连通出入口与站厅层的区域，如图 1-6 所示。通道主要作用是集疏客流，供乘客换乘其他交通或轨道交通。关键时刻将严重影响地铁乘客疏散，存在安全隐患。

3. 站厅层

主要用于乘客售检票、问询、导向的区域。

目前上海轨道交通车站主要依靠自动售票机出售车票，人工售票作为

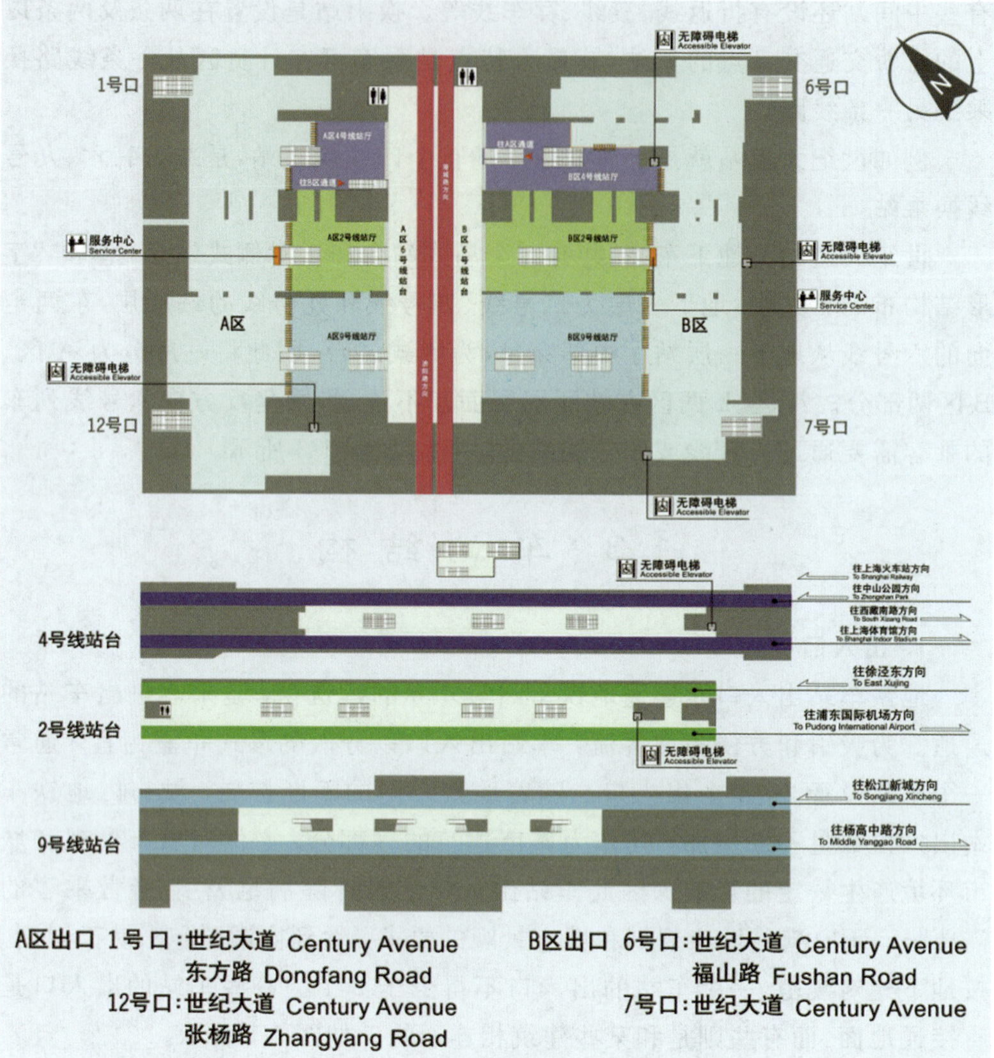

图 1-4 世纪大道换乘示意

自动售票机无法满足客流需求情况下的辅助手段。站厅层一般分为收费区和非收费区。在站厅内根据客流需要设置各种 AFC 设备。

自动售票机(TVM)是乘客自行操作的自动售票设备,主要完成单程票的发售。乘客可以根据目的地或者票价,自行选择所要购买的车票,如图 1-7 所示。自动充值机(CVM)是乘客自行操作的自动充值设备,主要完成交通卡的充值。人工售补票机(BOM/EFO)是人工负责操作的发售、加

图 1-5　车站出入口

图 1-6　通道

值、分析票卡的设备。闸机(GATE)是乘客进出收费区及检查车票有效性的设备。地铁自助查询系统,可以方便地查询各种公交线路信息。

4. 站台层

用于列车停靠,乘客候车及上下车的区域。站台的长度一般与线路列车的长度有关。

车站站台结构不同可分为:岛式站台、侧式站台、混合式站台。

岛式站台的站台位于上下行线路之间。其优缺点:站台总宽度较侧式站台小。同等条件下,与站台相关的设备(如电动扶梯)只需购置一组,可降

图 1-7 自动售票机(TVM)

低投资及运营成本,且较易于监控。乘客若搭错路线方便返回。但岛式站台的一大缺点就是站台面积受到限制,因而客流组织较为不便。

侧式站台的站台分别位于上下行线路两侧。侧式站台的一大特色,就是站台被轨道分隔,因此产生了乘客必须要利用人行天桥或地下道才能往来两站台之缺点。但相较于岛式站台,侧式站台拥有面积不受轨道限制的优点,因此只要周边环境许可的话,站台无需更动现有路轨就可扩建。正因为侧式站台的优点在此,因此侧式站台多用于地面或高架车站,例如上海轨道交通三号线除上海南站、中山公园、上海火车站等大客流站点外,均使用侧式站台,但上海轨道交通八号线由于在一些区间使用了双圆盾构,因此一些地下车站也作为侧式车站。

混合式站台的站台混了岛式和侧式各自的形式。是车站在超过两个站台时所采用的一种形式。按其类型可以分为双岛式站台、双侧式站台、完全混合式站台三类。双岛式月台是由两个岛式站台并排而成,可以为车站提供三个到四个站台。双侧式站台是由两个侧式站台并排而成,可为车站提供四条线路、四个站台,当中位于中间的“岛式站台”,可用作两条铁路换乘之用。

岛式站台、侧式站台如图 1-8 所示。

5. 设备用房

用于放置保证车站正常运营设备的区域。按设备种类大致可以分为:

图 1-8　岛式站台、侧式站台

高压配电、低压配电、通风设备、制冷设备、消防设备、给排水设备、信号设备、通信设备等。

6. 管理用房

车站工作人员的办公工作区域。车站的管理用房一般有:车控室、编码室、站长室等。

地铁车控室是地铁车站行车组织控制的最重要场所,室内主要有接发列车操作控制设备、列车运行控制设备、环境控制设备、救急和疏散控制设备等,实现列车运行的监督和操作控制。室内人员主要是行车值班员和信号员,负责接发列车和行车安全的工作。

7. 生活用房

车站工作人员日常生活区域。车站的生活用房一般有:茶水间、休息室、更衣室等。

1.4　车站组织架构

1.4.1　车站组织框架图

一般来说,车站组织必须包括的岗位如图 1-9 所示。

1.4.2　车站组织框架说明

1. 车站站长

一般应由具有值班站长、车站设施检修组长等岗位工作经历或相关专

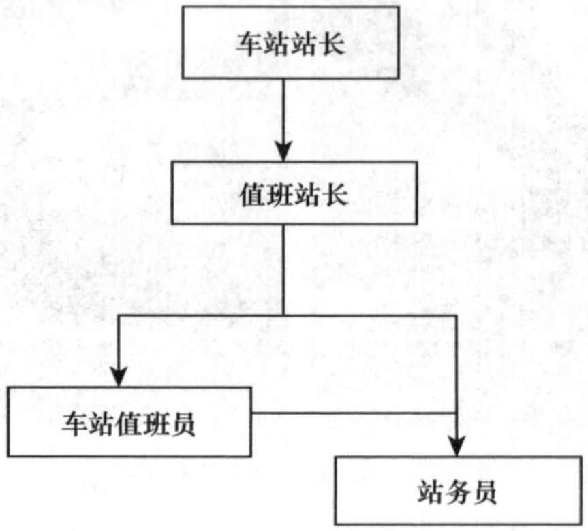

图 1-9　车站组织框架

业管理岗位工作经历的员工担任。

专业知识要求如下：

(1)熟悉有关法律法规；

(2)掌握行车安全、客运服务、票务管理、设施设备等各项规章制度和标准化作业要求，以及各项运营应急处置预案；

(3)掌握管辖设备的基本操作规程及设备巡查、日常维护保养要求及程序，以及设备性能、特点；

(4)普通话标准流利，具有岗位需要的英语技能；

(5)掌握计算机办公自动化操作的基本知识和技能。

2. 值班站长

根据车站的不同(所处位置不同、客流不同)每个车站一般设有 3 至 4 名值班站长。设置 3 名值班站长的车站，班次按三班两运转(两天早班、两天中班、两天休息)或者三班一运转(工作一天、休息两天)。设置 4 名值班站长的车站，班次按大四班(一天日班、一天夜班、两天休息)。

3. 车站值班员

按车站类型不同(是否为集中站、是否为有岔站、是否为换乘站)，一般车站设置 4 至 12 名值班员，班次按大四班，每班 1 至 3 人。

4. 站务员

按车站各服务岗位的需求不同，人员数量也不同。站务员的班次一般为大四班、三班两运转、做一休一班(一天日班、一天休息)等。

1.5 车站各岗位工作职责简介

1.5.1 车站各岗位的岗位描述

1. 车站站长

岗位描述:在客服部经理的领导下,全面负责本区域各车站的运营管理,以及所辖人员管理与考核工作。

2. 值班站长

岗位描述:在车站站长的领导下,负责当班期间车站日常管理工作。

3. 车站值班员

岗位描述:在值班站长的领导下,负责当班期间行车组织、消防、环控和票务组织工作,确保列车安全正点、设施设备完好、票款票卡安全。

4. 站务员

(1)售票员

岗位描述:在值班站长领导下,负责当班期间人工售票、充值等业务。

(2)服务中心

岗位描述:在值班站长领导下,负责当班期间客服中心内交通卡充值、乘客问询、便民服务等业务。

(3)检验票员

岗位描述:在值班站长领导下,负责当班期间补票及指导乘客进出站等业务。

(4)站台监护

岗位描述:在值班站长领导下,负责当班期间站台乘客安全,监护列车运行。

(5)票款员

岗位描述:在值班站长领导下,负责当班期间编码室票款清点、结算工作。

1.5.2 站务员各岗位的岗位职责

1. 售票员岗位职责

(1)严格执行一次作业程序,按规定提示乘客确认票卡面值;

(2)负责出售公交卡,并在BOM机上为公交卡充值,执行“二次确认”;

(3)为乘客提供购票、卡及充值的发票;

(4)为乘客兑换零币;

(5)熟练掌握对无法过闸票、卡的分析,并按规定处理;

(6)巡视岗位范围内的卫生及设备运作情况,做到随脏随捡,设备故障及时报修;

(7)执行各项服务承诺,热情为乘客提供服务,发现问题,及时向值班站长汇报;

(8)完成上级交办的其他工作。

2. 服务中心岗位职责

(1)执行“一分析、二解释、三处理”的一次作业程序为乘客处理无法进站或无法出站的票卡;

(2)执行“一收、二验、三处理、四清”的一次作业程序办理出售公交卡及充值,执行“二次确认”。

(3)为乘客提供购票、卡及充值的发票;

(4)为乘客兑换零币及办理故障公交卡修卡手续;

(5)负责专用通道的管理工作,验明为有效证件后,开启专用通道放行,并做好登记;

(6)巡视岗位范围内的卫生及设备运作情况,做到随脏随捡,设备故障及时报修;

(7)执行各项服务承诺,热情为乘客提供服务,发现问题,及时向值班站长汇报;

(8)对违反轨道交通相关规定的乘客应及时予以制止,对于不听从劝告者及时通知值班站长处理;

(9)完成上级交办的其他工作。

3. 检验票员岗位职责

(1)按“一迎、二导、三处理”的一次作业程序指导乘客正确使用票卡；

(2)负责专用通道的管理工作，验明为有效证件后，开启专用通道放行，并做好登记；

(3)为乘客提供单程票发票；

(4)为乘客办理故障公交卡修卡手续；

(5)巡视岗位范围内的卫生及设备运作情况，做到随脏随捡，设备故障及时报修；

(6)执行各项服务承诺，热情为乘客提供服务，发现问题，及时向值班站长汇报；

(7)对违反轨道交通相关规定的乘客应及时予以制止，对于不听从劝告者及时通知值班站长处理；

(8)完成上级交办的其他工作。

4. 站台监护岗位职责

(1)根据“一看、二接、三送”的作业要求接发列车；

(2)关注乘客候车安全，引导乘客上下列车，维持站台秩序；

(3)发现有危及列车安全运营和乘客安全的情况，立即按下紧急关闭按钮，并向值班员汇报；

(4)关注列车车门及屏蔽门的情况，发现故障及时排除；

(5)巡视岗位范围内的卫生及设备运作情况，做到随脏随捡，设备故障及时报修；

(6)执行各项服务承诺，热情为乘客提供服务，发现问题，及时向值班站长汇报；

(7)运营开始前 15 分钟完成卷帘门打开工作、全部运营结束后关闭所有的卷帘门和自动扶梯；

(8)负责车站的道床清扫工作及夜间施工的监护、安全巡视工作；

(9)完成上级交办的其他工作。

5. 票款员岗位职责

(1)了解掌握当班时本站各类票卡、发票库存、封包情况及备用金使用

情况,各类票务设备的工作情况等;

(2)做好各类票卡的收、发、结存明细账,根据运营需要,备足“待发售的单程票”和硬币,发现库存不足,及时通知有关人员采取措施,予以解决;

(3)对接班售票员做好空白票卡、找零备用金、各种面值的发票等用品的发放工作,并做好领用登记;

(4)负责TVM加卡、回收和清点钱箱的工作,保障设备的正常运营;

(5)督促站务员在本班次结束后将手中的票款及票卡结清,做好签收工作;

(6)每日运营结束后清点票款,做好记录,如实、正确地完成各类统计报表工作;

(7)做好封包工作,认真填写解款单,并做好与经警的交接工作;

(8)使用电子计数秤、硬币点数器、点钞机等设备,做好维护保养工作;

(9)对闸机回收的票卡清点后立即入库,对设备损坏的单程票集中交票务组处理,并做好相应记录。

(10)完成上级交办的其他工作。

第2章　站务员职业道德、责任感与使命感

站务员是城市轨道交通行业基本的生产人员，是服务效能的直接体现者。站务员的责任感如何，对城市轨道交通行业的经营成果将起重要作用，对行业整个职工队伍的形象有很大影响。要树立站务员责任感，首先应该明确站务员的职业道德。

城市轨道交通站务员的职业道德是以社会主义城市轨道交通职业道德准则为指导，结合城市轨道交通站务员的职业特性，继承和发扬了城市轨道交通职工优良道德传统，在站务员工作实践中形成的。它是城市轨道交通职业道德的一个重要组成部分，是城市轨道交通站务员在职业活动中从思想到行为都必须遵循的准则和规范，是站务员树立责任感及光荣的使命感的先决条件。

2.1　道德、职业道德

2.1.1　道德

道德是人的行为应当遵循的原则和标准，是指一定社会用以调整人与人之间以及个人与社会之间关系的行为准则和规范的总和。道德是一种社会意识形态，属于上层建筑，它通过各种宣传教育手段和社会舆论，通过人们在社会交往形成的善与恶、公正与偏私、诚实与虚伪等观念，情感和行为习惯，告诉人们应该做什么和不应该做什么，从而规范人们行为，以维护和巩固社会的经济基础和上层建筑，保障社会的生产、生活的良好秩序，促进社会的进步和发展。

2.1.2　职业道德

职业道德是道德的一种表现形式，是每个行业职工应当遵守的特殊的

道德,是公共道德在职业生活中的具体体现。它是同人们的职业活动紧密相连的,具有自身职业特征的道德准则和规范。

2.1.3 轨道交通站务员职业道德的具体体现和作用

(1)有利于与乘客和企业之间建立新型、和谐的人际关系。

轨道交通作为城市公共交通行业中客运量占大比重的行业之一,备受重视的同时也深感压力颇大。车站站务员作为接待乘客的“第一人”,是在乘客对于整个轨道交通行业认知和认同的过程中起着至关重要的作用。围绕地铁“运载温馨,营造和谐”的品牌特点,站务员与乘客和企业之间的关系不仅仅是个人与个人,个人与群体的关系,一定意义上折射出其所拥有的价值观和所体现出的精神文明程度。

(2)拥有良好的职业道德能够与乘客之间建立良好的服务与被服务的关系,可以为企业搭建良好的窗口形象,从而赢得乘客对企业的信任和认同。有利于规范轨道交通行业行为,促进企业生产力的发展。

城市轨道交通职业道德对站务员正确选择道德行为有着重要的约束力。它可以规范在岗人员的言行举止和操作流程,并且一定程度上可以控制整个服务的质量,使站务员们在服务工作中有章可循、受到约束,更好地提供服务。

一个拥有具备良好职业道德的企业是具有生命力,具有发展力的生产单位;一名具备良好职业道德的员工是能获得企业认可,具备上升条件,拥有发展前进的员工。遵守职业道德规范,拥有强烈的职业责任感对于轨道交通站务员来说,是约束更是保护。

(3)维护企业形象,维护乘客与自身利益。

企业的各项规章制度其实就是“职业道德”的具体体现形式,它在制约企业员工的同时也起到营造积极工作氛围,维护企业形象,保障员工利益的切实作用。城市轨道交通职业道德的确立,可以使站务员明确自己的职业义务和职业责任,以良好的道德行为调节与乘客之间的关系,为乘客服务和排忧解难,得到乘客的认可和谅解,共同维护好乘车秩序和乘坐环境。

职业道德还在城市轨道交通服务过程中起着维护乘客的利益、维护企业信誉的重要作用。一个拥有良好职业道德基础员工也一定是遵守企业规章制度，能够做好本职工作，可以摆正自身与乘客与企业之间关系的员工；一个拥有良好职业道德员工的企业一定是能够拥有良好的社会形象。尤其是我们轨道交通行业，如果员工都拥有了良好的职业道德，乘客的安全和切身利益，整个行业的文明程度都能够得到一定的保障。

(4)有利于提高轨道交通员工的道德素质，促进整个运营体系良好道德风貌的建立。

职业行为中的道德表现是一个人道德生活的主要组成部分，是能够展示出一个人总的精神风貌和道德情操。因之，职业道德修养就成为整个人格修养的重要组成部分。职业岗位是培养人格的最好场所，也是表现人格的最佳场所。整个轨交运营体系的从业人员都注重职业道德品质修养，必然会带动整个行业乃至全社会良好道德风貌的建立。

此外，人的情感是相互传染的，可以通过人与人的关系，传递给自己的职业对象，从而使自己的职业对象感到心情舒畅愉快，并把这种情感体验化为自己的行为，同时再传递给其他职业工作者。如此往复，在整个行业甚至全社会造成良好氛围，形成一种气势。

2.2　服务及站务员的责任感

作为一名轨道交通客运服务人员，首先要知道“服务什么”“什么样的服务”“怎样服务”。但是要回答“怎样服务”则完全是一个学习、实践、体会、积累、总结的漫长过程。一名优秀的轨道交通客运服务人员，他所拥有的业务技能和服务水平不可能是一蹴而就的，需要经过企业的各类培训以及通过自身不懈的努力。优秀的客运服务人员对于轨道交通行业来说是难能可贵的，是保证服务质量的重要因素之一。作为一名轨道交通客运服务人员，要从“以人为本”出发，提高服务技巧的同时不断地调整服务心态，为企业树立良好的社会形象做出自己的努力。

2.2.1 服务

服务是指为他人做事，并使他人从中受益的一种有偿或无偿的活动。不以实物形式而以提供活劳动的形式满足他人某种特殊需要。

2.2.2 对服务的不同理解

1963年，雷根在定义服务时，认为："服务是直接提供满足或者与有形商品或其他服务一起提供满足的不可感知活动。"

1974年，斯坦顿对服务做了进一步的概括，认为："服务是可被独立识别的不可感知活动，为消费者提供满足感，但并非一定要与某个产品或服务连在一起出售。"

1984年，莱特南在定义服务时，提出以下观点："服务是与某个中介人活机器设备相互作用并为消费者提供满足的一种或一系列活动。"

1990年，格鲁诺斯在对以前学者观点综合的基础上，提出："服务是以无形的方式，在顾客与服务人员、有形资源、产品或服务系统之间发生的，可以解决顾客问题的一种或一系列行为。"

1992年，佩恩指出："服务是一种涉及某些无形性因素的活动，它包括与顾客或他们拥有财产的相互活动，它不会造成所有权的更换。条件可能发生变化，服务产出可以或不与物质产品紧密相连。"

从中我们可以总结出服务定义所需包含的几个重要方面：①服务的非实体性；②服务总体不涉及所有权的转移；③服务是一种互动性质的活动；④服务在生产时被消费。

2.2.3 城市公共交通客运服务及特点

城市轨道交通服务除具有城市公共交通客运服务的特点外，还具有显著的行业特征：严格按照时刻表运行和快速大运量地运输乘客。

1. 城市公共交通客运服务具有服务产品的特点

（1）城市公共交通客运服务是服务机构向乘客乘车提供的服务产品。

（2）乘客乘车过程既是提供服务的过程，又是乘客的消费过程。服务过程和服务质量一旦出现问题，常常无法制止和改正，只能补救。

(3)客运服务机构通常向乘客做出了某种承诺(如首末班车时间)。承诺是衡量服务质量的重要标准。

(4)客运服务提供有形产品服务，如乘车设施、设备等，也提供迅速、准时、安全、礼仪、语言等无形产品服务。

(5)乘客只能在事后凭感觉知道服务的质量。衡量服务质量的最终决定权在乘客，这是制定服务质量标准的重要思路。

2. 城市公共交通客运服务具有行业特性

(1)对所有人开放，不论是个人还是团体；

(2)经过公开宣传；

(3)有固定的运行时间、频率；

(4)固定的线路、经停站、起讫点和运行范围；

(5)公开的票价。

城市轨道交通客运服务及特点综合考虑上述城市公共交通客运服务及特点，可以这样定义城市轨道交通客运服务：在城市轨道交通系统内，轨道交通运营机构为乘客安全、准时、快捷、方便、经济、舒适、文明乘车而直接开展的服务工作。

2.2.4　服务理念

服务产品同其他有形产品一样，也强调产品要能满足不同的消费者需求。消费者需求在有形产品中可以转变成具体的产品特征和规格，同时这些产品特征和规格也是产品生产、产品完善和产品营销的基础。但是这些具体的规格对于服务产品来说犹如空中楼阁一般。因而服务企业需要明确“服务产品”的本质或“服务理念”。

2.2.5　乘客服务的界定

1. 从乘客角度看

从乘客角度出发，轨道交通服务是指乘客在乘车准备阶段、乘车过程中、乘车结束后与相关环节所发生的互动关系，这种互动作用使乘客达到了位移的目的,同时获得了对于乘坐环境,硬件设施,相关服务体验等感受。这种感受让乘客主观对于轨道交通服务和行业形象有一个具体的评价。

乘客的根本需求如图 2-1 所示。在有需要的情况下获得正确、准确、实时的信息并在必要时能及时得到相应的帮助。

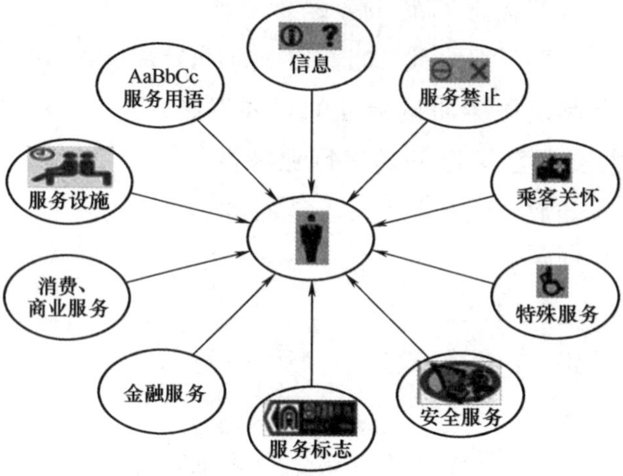

图 2-1　乘客的根本需求

2. 理解轨道交通服务的内容和特征

理解轨道交通服务的具体内容和特征有助于我们更好地开展现场的服务工作,通过我们的一系列工作使乘客获得满意的乘坐经历和感受,用我们良好的服务形象和全面的服务业务能力与企业一起共通过创建安全、文明、有序、和谐的窗口服务形象。

关于服务行业的具体内容,有一个"服务包"的概念,是指在某种环境下服务性企业提供的一系列产品和服务的组合。从这个组合的角度理解服务,有助于以系统的观点全面理解服务的意义所在。

(1)支持性设施设备

是指保障客运服务传递必需的硬件资源。它参与乘客服务的过程,是企业和乘客互动过程中的辅助性资源,对服务质量有重要的影响。如车站的环境卫生、各类导向、广播、照明、自动扶梯、无障碍设施、AFC 设备、空调系统等支持性设施设备。

对支持性设施设备的评价标准见表 2-1。

表 2-1　支持性设施设备的评价标准举例

评价内容	评价标准举例
各类导向	信息准确、易懂 布置合理，具有连贯性 图像和文字比例适当 风格统一、规整
广播服务	语言标准、规范、清晰 音色优美 播报内容正确、准确、及时 具备提示播报 全站覆盖
支持性设备	车站的中央空调系统、安全监控系统的使用效果 车站设备的使用效果 地铁列车的类型以及使用年限 地铁列车的载客量和安全系数 地铁列车的安全性、舒适性
AFC 设备	布局合理 设备灵敏度高 有相关使用提示，提示界面友好 使用性能稳定，故障率低
无障碍设施	布局合理、标识清晰 使用性能良好，故障率低 操作便捷 有工作人员协助 其他特殊需求

（2）显性服务

显性服务是指顾客可以用感官觉察到的，构成客运服务基本或本质特征的利益。显性服务是乘客在乘坐轨道交通过程中最直接的服务体验，由于可以直接感觉到，因此乘客可以立刻做出服务质量的评价，见表 2-2。如服务人员的形象、语言举止、服务态度、业务能力、人性化服务、服务延伸等等。

表 2-2　显性服务的评价标准举例

评价内容	评价标准举例
服务形象	穿着统一的工作服，干净整洁 精神面貌良好 女客运服务员可上淡妆 男客运服务员面容整洁 不佩戴夸张饰品

续上表

评价内容	评价标准举例
服务用语	能够使用标准、文明的语言 音量适中 善于沟通
服务态度	对待乘客态度热情、有礼有节 对于乘客的询问耐心 对于有困难的乘客不推诿 发现问题主动服务
业务能力	熟知车站情况及运营网络 熟知轨道交通相关规定和条例 能正确的帮助乘客购票进站 正确进行票卡处理 使用一种及一种以上语言进行窗口服务 回答乘客的各类相关问询 熟练使用各种相关设备 帮助乘客解决难题,能够接待乘客投诉 非正常运营情况下能够按预案要求履行岗位职责
个性化服务	具有鲜明的服务特色 以人为本的附加服务 具有一定的品牌效应

(3)隐性服务

隐性服务是指顾客在乘车过程中能模糊感到服务带来的精神上的收获,或服务的非本质特性。由于隐性服务具有抽象性的特点,以及乘客的个体差异性,乘客对隐性服务的评价带有主观性。乘客服务偏重于给乘客带来精神和心理上的享受,这使企业更应通过隐性服务来为乘客提供增值服务,以形成差异化竞争的优势。

3. 轨道交通行业职业道德的基本特征

(1)全局相关性

城市轨道交通是国民经济的组成部分,是城市基础产业,它与政治稳定、经济发展和社会进步有着重要的关系。作为城市轨道交通站务员,只有树立正确的职业道德观念,自觉遵守职业道德规范,才能站在全局和时代的高度认识城市轨道交通事业的重要性,自觉地把城市轨道交通服务工作同国家的富强、社会的发展和人民的幸福联系起来。

(2)经济影响性

城市轨道交通是国民经济的先行，是“生产的第一道工序”，是联络各行业的纽带。因此，城市轨道交通服务人员的职业道德水平如何，既影响本行业的经济效益和社会效益，也影响其他行业的工作和发展。

(3)政治敏感性

城市轨道交通，是社会主义精神文明的“窗口”，是政治与社会稳定的重要环节。它服务于社会、服务于群众，它的职业道德如何，关系到城市轨道交通的服务质量优劣，并从一个侧面反映了一个城市、一个地区政府工作的情况。随着对外开放的扩大，可以讲城市轨道交通服务人员职业道德素质的表现，在内宾面前代表着一个城市，在外宾面前代表着一个国家和一个民族。

(4)服务广泛性

城市轨道交通是直接接触社会、沟通城市各个角落、连接四面八方的桥梁。在城市的服务行业中城市轨道交通行业每天接触的服务对象人数最多，包括社会各阶层人士，而且还经常接触内、外宾客。因此在社会上有着广泛的影响。

(5)社会制约性

城市轨道交通服务工作受城市道路、交通管理、车流量、社会环境和人民群众道德状态等多种因素的制约。在服务过程中，城市轨道交通职工也要接受社会对职业道德执行情况的评价和监督，因此形成了广泛的社会制约性。

2.3　树立站务员光荣的使命感

城市轨道交通服务人员在运营生产第一线，直接与乘客打交道，其服务意识的水准如何将直接影响到各自的服务态度、工作热情和责任心。为此，城市轨道交通服务人员必须牢固树立“全心全意为乘客服务”“乘客第一”“乘客是贵宾”等尊重乘客的意识，才能端正服务态度，保持高涨的职业热情，树立强烈的使命感，为乘客提供良好的服务。

2.3.1 热爱本职、忠于职守

这是城市轨道交通服务人员职业道德的一个基本要求。这是由服务人员在城市轨道交通行业运营服务中的地位、作用及工作特性所决定的。要培养服务人员热爱本职、忠于职守的职业道德品质,必须使他们充分认识本职工作的意义,珍惜自己的劳动。

1. 贯彻“乘客至上,服务为本”的经营宗旨

站务员是城市轨道交通运行过程中的主要服务人员,服务的态度如何对营运服务质量的影响非同小可。因为在城市轨道交通运营服务生产中,服务工作的好坏给广大乘客以直接的感觉,人们往往将站务员的服务水平等同于城市轨道交通行业的营运服务质量。站务员的工作平凡而艰苦,要适应纷繁的社会环境,满足各种乘客的不同需要,如果没有强烈的职业热情和责任感是很难做到的。

2. 摆正与乘客之间的关系

凡服务行业,都有一个与自己服务对象的关系问题。城市轨道交通站务员在工作中始终与乘客保持密切的联系,能否摆正自己与乘客之间的关系,是做好服务工作的首要条件。

那么,服务人员与乘客之间是什么关系呢?首先是客观依赖关系。城市轨道交通出于自身生存和发展的需要,应该十分重视和摆正自己与乘客的关系。每位城市轨道交通工作人员必须清醒认识到对自己的服务对象——乘客所客观存在的依赖关系。

但在对乘客关系处理上还存在着一些问题。反映在一部分站务员中,他们认为:“乘客乘城市轨道交通是有求于我,应当听我的”“我们与乘客是平等的,乘客尊重我,我才尊重他”等等。这些与乘客争地位,论高低的思想观念,使一些站务员不愿在工作中主动为乘客服务,影响着城市轨道交通服务质量。

其次,城市轨道交通的主要服务性质决定了站务员与乘客的关系,必须是服务与被服务的关系。决定了站务员的主要职责是为乘客服务,站务员与乘客在人格上是平等的,但在站务员这个工作岗位上我们是服务者,乘客是被服务者，这种关系是不能用平等的说法来解释的。

对于乘客提出的疑问、要求，即便不在你的管辖范围之内，也不能不理不睬、视若无睹，要尽可能给予帮助或是告知相关的工作人员，表示出你是在尽力满足乘客的需求。摆正与乘客的关系，有利于站务员在工作中尽忠服务责任，坚持做好服务工作。

3. 文明礼貌、尊重乘客

城市轨道交通乘行是一种广泛性的社会活动，这种活动是由每个具体的人所参加的。在乘行过程中，不同的人有着不同的需求，所谓“人上一百，形形色色”。但是自尊感却是人人都有的一种思想感情，希望得到别人的尊重是人所特有的一种需要。

4. 树立“窗口”意识

城市轨道交通是一个城市的流动文明窗口，服务人员就是这一窗口的重要代表。站务员的言行举止是这窗口的重要组成部分，城市轨道交通管理的水平和服务质量要看这个“窗口”，乘客最关心的是这个“窗口”，国外宾客会通过这个“窗口”看中国。所以，服务人员必须牢固树立“窗口”意识，以“窗口无小事”的意识规范自己的行为举止，展示城市轨道交通的文明风范。

5. 了解乘客的心理

人们以城市轨道交通为代步工具，能及时乘上车，是乘客的基本需要，也是第一需要。城市轨道交通客运服务人员在营运一线直接担负着服务乘客的责任，必须坚持把满足乘客的第一需要，作为自己服务工作的一个重要内容。因此，每一个客运服务人员都要从满足乘客的基本需要出发，急乘客所急，想乘客所想，尽责守职，做好本职工作，满足了乘客及时乘上车的愿望，体现一心为乘客着想的良好的职业道德品质。

2.3.2　文明待客，热情服务

城市轨道交通行业以运营服务为中心的经营指导思想和以服务为本、乘客至上的经营宗旨，决定了服务人员的职业道德必须以全心全意为乘客服务为核心。因此服务人员应以文明礼貌的态度，热情周到地接待每一位乘客，使他们既受到人格的尊重又使他们的需求得到满足，便成为服务人员职业道德的一个中心内容。

1. 文明礼貌、尊重乘客

文明礼貌、尊重乘客,这是服务人员职业道德的一个起码要求。文明礼貌是处理人与人之间关系的一种社会美德。对城市轨道交通服务人员来说,对乘客的尊重,就是用文明礼貌的言行、举止和以理服人、得理让人的态度去对待乘客。

2. 方便周到,热情服务

为乘客乘车时提供方便和周到的服务,努力满足乘客的各种需求,是体现热情周到服务的重要方面,也是服务人员主要的职业责任和义务。诸如满足乘客的基本需求,开关车门提醒乘客注意安全,满足乘客的普遍需求,关心体贴老、幼、病、残、孕、抱小孩乘客和外地乘客,满足他们的特殊需求,这是对服务人员职业道德规范中的重点要求。

3. 遵章守纪、顾全大局

城市轨道交通是一个由车到线、由线成网,协作关系甚为密切的整体。要保证运营服务生产各环节的正常联系,保证线网结构整体运送能力的有效发挥,必须依靠规章制度、纪律和运营生产人员全局观念的约束。

作为一名车站客运服务人员,在工作中要严格按照《轨道交通站务员标准化作业》的具体要求执行各类操作流程,要"将标准养成一种习惯",不要将标准仅仅看成意识中约束,而应该将标准看成是一种"保护",除了保护乘客的人身财产安全和企业的形象,更是保护我们自己的安全和利益。

4. 仪表端庄、站容整洁

服务人员的仪表和城市轨道交通车站整洁,是广大乘客对城市轨道交通的第一印象。城市轨道交通服务人员要在职业活动中表现出良好的形象,就不能不讲究仪表端庄和站容整洁。这对创造舒适的乘车环境、树立良好的服务信誉、促进社会道德风尚的提高,有着积极的意义。

5. 钻研业务、讲究艺术

随着社会的发展,城市轨道交通服务已从简单劳动发展为融服务意识、服务知识、服务技巧为一体的综合活动。一般人认为服务工作简单,不用什么知识也能干,其实不然。没有一定的业务知识,乘客询问无法解答,发生矛盾不会处理，服务工作肯定做不好。因此，服务人员要提高认识、勤奋学习，钻研业务，熟悉沿线地理环境，掌握政策、法规和处理矛盾的方法，学习方言、哑语和英语会话，了解一些心理学等知识和服务技能。

6. 团结互助、协作配合

团结互助、协作配合是集体主义原则在服务人员职业道德中的具体表现。城市轨道交通的运营服务是多工种的联合作业，各工种之间的协作配合非常重要。能否团结互助、协调配合是衡量城市轨道交通职工整体职业道德素质的重要标志。

第3章 站务员岗位基本要求

3.1 着装及服务礼仪要求

3.1.1 客运服务人员仪容、仪表总体要求

(1)上班时间应按规定统一穿着制服、工作鞋,佩戴服务标识(包括领带、领花、工号牌、头饰等),制服类型应在同一层面上确保统一(例如统一穿着长袖或短袖)。

(2)应确保服务标识整洁、完好;工号牌按着装规定佩戴于左胸上方;不可歪斜、倒置、遮盖号码。

(3)穿着制服时,应保持衣装整洁、无皱褶;应扣好衣扣,不可缺扣、立领、挽袖挽裤;穿着工作鞋,应保持清洁、光亮。

(4)发型应整齐利落,染发及烫发不可过度明显、夸张;男的不留"怪异发型"、不留长发、发要前不遮眉、侧不遮耳、后不触领;女的不染夸张发色、不留"怪异发型"、规范使用头饰、发要前不遮眉、侧不遮耳;女性化妆应自然大方,不可过浓,以淡妆为宜;男性应净面,不可留胡子。

(5)车站服务人员不可留长指甲,掌心方向看指甲不超过 1 mm,不可涂颜色鲜艳的指甲油及指甲装饰品;除工作需要和眼疾外,不可戴有色眼镜或有色隐形眼镜。

(6)不可以佩戴除项链、戒指、耳钉、手链(手镯)以外的首饰;男性服务员不得佩带耳钉;项链应佩戴于衣领内,不可外露(夏装除外);戒指只可佩戴一枚,不可佩戴镶嵌戒,戒指最宽处不可超过 5 mm;耳钉直径不可超过 5 mm;手链(手镯)最宽处不可超过 10 mm,式样应简洁,不可发出响声;饰品应自然大方,不可过度明显夸张;手表造型、颜色不可过于夸张。

(7)凡在车厢或车站范围内身着工作制服的人员,应按规定穿戴整齐,且不得坐在为乘客提供的座椅上。

3.1.2 客运服务人员制服穿着规定

1. 客运服务人员原则上应确保制服统一

(1)穿着工作服时,内衣领口和袖口不得外露,纽扣全部扣上(男职工短袖第一粒纽扣不扣),不可缺扣、立领、挽袖,除女职工短袖外,衬衫下摆要束在裤腰内。(实习生同)

(2)衣裤整洁干净平整,上装胸口衣袋只作装饰用,不可装任何物品。裤腰上不可挂钥匙、手机、玉佩等物品。口哨挂于胸前。

(3)站台站务员着冬装时,以站为单位可佩戴统一下发的手套或帽子保暖。

(4)季节转换或极端天气时,车站工作人员变换工作服原则上以站为单位统一,特殊情况可以车站层面为单位统一。

2. 客运服务人员季节穿着规定

(1)夏装

①女装——上装短袖衬衫,下装深色长裤,衬衣放在外面,穿深色袜子、黑皮鞋。

②男装——上装短袖衬衫,下装深色长裤,衬衣束在长裤内,系黑色皮带,穿深色袜子、黑皮鞋。

(2)春秋装

①女装——上装长袖衬衫,下装深色长裤,衬衣束在长裤内,系黑色皮带,配深色领带;根据季节加穿西装;穿深色袜子、黑皮鞋。

②男装——上装长袖衬衫,下装深色长裤,衬衣束在长裤内,系黑色皮带,配深色领带;根据季节加穿西装;穿深色袜子、黑皮鞋。

(3)冬装

①地下车站——男女装均为上装内穿长袖衬衫,下装深色长裤,配深色领带,外穿黑色羽绒服,其中羽绒服的帽子需卸除,拉链拉至与工号牌齐平,露出衬衫衣领及领带结;穿深色袜子、黑皮鞋。

②地面及高架车站——参照地下车站冬季着装规范,羽绒服的帽子不需卸除,由于天气及气温原因,羽绒服内可加穿深色毛衣的,但需将羽绒服

拉链拉到最上方,可佩戴帽子或手套保暖。

3. 无工作制服客运服务人员上岗穿着规定

无工作制服客运服务人员指新进员工、实习员工或其他需要的客运服务工作人员。

(1)夏装

①女装—上装白色短袖衬衫,下装深色长裤,穿深色袜子、黑皮鞋。

②男装—上装白色短袖衬衫,下装深色长裤,穿深色袜子、黑皮鞋。

(2)春秋装

①女装—上装白色长袖衬衫,下装深色长裤,穿深色袜子、黑皮鞋;根据季节加穿深色上衣。

②男装—上装白色长袖衬衫,下装深色长裤,穿深色袜子、黑皮鞋;根据季节加穿深色上衣。

3.1.3 客运服务人员佩戴标识规定

1. 工号牌及其他标识牌

穿着制服车站人员:工号牌应佩戴在制服工号牌预留孔指定位置。

无制服人员或实习人员:胸牌应挂在左胸口正中,与衬衣第二颗纽扣在同一个水平线上,胸牌正面向外。

2. 星级标志佩戴规定

(1)一星标志佩戴规定:

夏装:佩戴在三个星标预留孔居左位置(靠衣扣一边);

春秋装:佩戴在三个星标预留孔居下位置;

(2)二星标志佩戴规定:

夏装:佩戴在三个星标预留孔居左(靠衣扣一边)、中位置;

春秋装:佩戴在三个星标预留孔居下、中位置;

(3)三星标志佩戴规定:

夏装:佩戴在三个星标预留孔位置;

春秋装:佩戴在三个星标预留孔位置;

(4)其他标志佩戴规定

其他标志应从工号牌正上方垂直位置起佩戴；

袖标应佩戴在左手上臂中间位置。

3.2　举止要求

3.2.1　客运服务人员举止动作总体要求

(1)上班时间应精神饱满，举止规范，态度和蔼，主动热情，有问必答。

(2)上班时间或不当班时穿着制服时均应主动关心乘客，不得发生有损乘客利益的事，应树立“乘客至上、服务为本”的思想。

3.2.2　站姿要求

(1)规范的站姿为身体正直，两手体前单握或自然下垂，放在身体两侧。

(2)头部微微抬起，面部朝向正前方，双目平视，下颌微微内收。

(3)颈部挺直，双肩平正，微微放松，呼吸自然，腰部直立，上体自然挺拔。

(4)张开双手虎口，男士：左上右下；女士：右上左下，交叉叠握后，双臂自然下垂，放于身前，手指自然弯曲。

(5)女士一脚向前，另一脚可斜向呈15°～20°，需要换脚时，应先收拢再出脚；男士两脚平行分开，约与肩同宽。

3.2.3　坐姿要求

(1)服务人员规范的坐姿为坐姿端正，正面对着窗口；驾驶列车时身体正直坐于司机操纵座椅上，右手放于操纵台的牵引制动手柄上，左手放于操纵台的鸣笛按钮上。落座位置只能在椅面(凳面、沙发面)的1/2或2/3处。

(2)落座后，即使有椅子靠背，上身也不能倚靠，上身要保持与站姿相同的挺拔，保持头正肩平，下颌微收，挺胸收腹，上身也不要过分前倾。

(3)两腿自然落地，男性可以分开双腿，距离与肩同宽，小腿自然垂下，全脚掌着地，双手握空拳，自然放于同侧大腿面上；女性须并拢双腿，小腿自然垂下，全脚掌着地，双手平坦，掌心向下，自然放于同侧大腿上。如果前面有桌子，双手应同时呈“八”字形放于桌面上。

(4)需要架腿时，应保持两小腿间密贴无缝，可以向左或右侧自然倾斜，但不能摇晃架起的腿。女性在着裙装时，在换腿或架腿前，可双腿并拢直伸，叠架腿后回收双腿，自然形成架腿，架起的腿可向左或右侧斜向着地。

3.2.4 指引要求

指引姿势标准：保持站姿，五指并拢，掌心朝上，手掌面微向内倾斜与地成45°(大拇指侧向上)，向需要指引的方向，由下而上运动，并根据目的地的远近控制手臂的伸曲度。一般原则是目的地越远，下臂与上臂间的夹角越大(手臂伸得越长)。

3.2.5 岗位用语要求

(1)客运服务人员与乘客的交流主要是借助语言进行的，因此语言是客运服务人员为乘客服务的第一工具，它对做好服务工作有十分突出的作用。

(2)服务过程中应使用普通话以及“十字”文明用语：“请、您好、谢谢、对不起、再见”；在使用“十字”用语时，应面带微笑，态度诚恳。禁用服务忌语。

(3)对车站车厢进行人工广播时必须使用普通话，语速中等，语调平缓，音量适中，吐字清晰，广播内容简洁明了。

(4)客运服务人员在服务过程中如遇外国人，提倡用外语交流，所以服务人员应掌握与服务岗位相关的简单英语会话。

3.2.6 岗位纪律要求

(1)客运服务人员要严格执行各项规章制度，上班时间应遵章守纪，认真负责，坚守岗位，履行岗位职责，遵守职业道德。

(2)客运服务人员要执行首问责任制，严禁对乘客说“我不知道”或“我没有办法”等推诿的话语。

(3)客运服务人员应提前十五分钟到岗，严格执行交接班制度，交清本工作范围内的设备、卫生及各类相关事项。

(4)客运服务人员班前四小时内严禁饮酒。

(5)客运服务人员严禁携带手机(除工作应急外)、MP3 等上岗;严禁岗上聊天、看报及吃零食、点心、饮料等;不做与工作无关的事。

(6)客运服务人员要坚守岗位,不得擅离职守。

(7)客运服务人员上班时间应时刻保持警惕,确保票卡、票款及乘客的安全。

(8)客运服务人员要发生紧急情况下,按照既有的应急处置预案执行相关操作规定。

3.3 用语要求

3.3.1 称谓

日常服务中和乘客打交道时所用的称谓。它包括一般习惯称呼和按职位称呼。最为普通的称呼是“先生”“太太”“小姐”。当我们得悉宾客的姓名之后,“先生”“太太”“小姐”这三种称呼就可以与其姓名搭配使用,如“王先生”“张太太”“李小姐”等,这能表示对他们熟悉和重视;遇到有职位或职称的先生,可在“先生”一词前冠以职位或职称,如“总裁先生”“教授先生”等称呼。

3.3.2 问候

人与人见面时互相问候的一种礼节。它包括初次见面问候、时间性问候、对不同类型客人的问候以及节日问候等。

(1)与乘客初次相见时应主动说“您好”;一天中不同时间遇见宾客可分别说“早上好”“下午好”“晚上好”。

(2)根据工作情况的需要,在用上述问候语同时还可跟上“我能帮您做些什么”或“需要我帮忙吗”。

3.3.3 应答

(1)解答乘客问题时必须起立,站立姿势要好,背不能倚靠他物。讲话语气要温和耐心,双目注视对方,集中精神倾听,以示尊重客人。

(2)在为客人处理服务上的问题时,语气要婉转,如果客人提出的要求及某些问题超越了自己的权限,就应及时请示上级及有关部门,禁止说一些否定语(非常抱歉,关于这件事我还需要查询/请示,请您留下联系电话,我咨询/请示后马上给你回复)。

3.3.4 迎送

(1)在向乘客道别或给乘客送行时,我们也应注意问候礼节,可以说"晚安""再会""明天见""祝您一路平安""欢迎再次光临"等。

(2)乘客若患病或感觉不舒服,则需要表示关心,可以说"请多保重""是否要我去请医生来",等等。

第4章　客运服务规章制度

本章节试以上海轨道交通管理条例为例,来说明一般轨道交通管理规章制度的要求。

4.1　上海市轨道交通管理条例(节选)

上海市轨道交通管理条例

(2002年5月21日上海市第十一届人民代表大会常务委员会第三十九次会议通过根据2006年6月22日上海市第十二届人民代表大会常务委员会第二十八次会议《关于修改〈上海市轨道交通管理条例〉的决定》第一次修正根据2010年9月17日上海市第十三届人民代表大会常务委员会第二十一次会议《关于修改本市部分地方性法规的决定》第二次修正2013年11月21日上海市第十四届人民代表大会常务委员会第九次会议修订)

第一章　总　　则

第一条　为了加强轨道交通管理,促进轨道交通建设,保障安全运营,维护乘客的合法权益,根据有关法律、行政法规的规定,结合本市实际情况,制定本条例。

第二条　本条例所称轨道交通,是指本市地铁、轻轨等城市轨道公共客运系统。

本条例所称轨道交通设施,是指轨道交通的轨道、隧道、高架、车站(含出入口、通道)、车辆、机电设备、通信信号系统和其他附属设施,以及为保障轨道交通运营而设置的相关设施。

第三条　本条例适用于本市行政区域内轨道交通的规划、建设、运营及其相关的管理活动。

第四条 市交通行政管理部门主管本市轨道交通管理工作，负责本条例的组织实施，并可以委托其所属的交通行政执法机构实施本条例规定由市交通行政管理部门实施的行政处罚。

市人民政府确定的轨道交通企业具体负责本市轨道交通的建设和运营，并按照本条例的授权实施行政处罚。轨道交通企业执法人员应当取得执法身份证件，规范执法、文明执法。

市发展改革、建设、规划国土资源、公安、安全生产监管等有关行政管理部门，按照各自的职责实施本条例。

区、县人民政府应当协助做好轨道交通建设、运营服务和应急事件处置等有关工作。

第五条 本市轨道交通实行统一规划、配套建设、安全运营、规范服务的原则。

第六条 本市优先发展城市轨道公共客运交通。本市各级人民政府应当对轨道交通的投资、建设和运营给予支持。

第七条 市人民政府有关部门应当加强对轨道交通建设资金、运营和综合开发收益等情况的监督。

第三章 运营服务

第十六条 轨道交通企业应当设置售票、检票、自动扶梯、公共厕所、通风、照明、废物箱等轨道交通服务设施，并定期检查，及时维修、更新，保持完好，确保轨道交通设施处于可安全运行的状态。

第十七条 路政管理部门、轨道交通企业应当按照国家有关标准和本市有关规定，在车站周边、车站出入口以及车站内设置轨道交通导向标志、安全标志等运营服务标志。

路政管理部门、轨道交通企业应当做好运营服务标志的日常管理和维护工作。

第十八条 轨道交通企业应当按照国家和本市规定的标准和要求，在轨道交通车站配套建设无障碍设施，设置指导和提示标志，并进行日常养护和维修。

任何单位或者个人不得损坏、擅自占用无障碍设施，或者改变无障碍设施的用途。

第十九条 市交通行政管理部门应当制定本市轨道交通运营服务规范，并向社会公布。轨道交通企业应当按照服务规范的要求，提供安全、便捷的客运服务，保障乘客的合法权利。

第二十条 轨道交通企业应当根据轨道交通沿线乘客出行规律及变化，以及其他相关线路的列车运行情况，合理编制运营计划，报市交通行政管理部门备案。

列车运营时间、运营间隔应当向社会公布。

第二十一条 轨道交通企业应当按照以下要求向乘客提供信息服务：

（一）通过广播、电子显示屏等向乘客提供列车到达、间隔以及安全提示等信息；

（二）在车站醒目处公布首末班车行车时刻、列车运行状况提示和换乘指示；

（三）在车站提供问讯服务，车站工作人员在接受乘客问讯时，应当及时准确提供解答；

（四）需要调整首末班车行车时间，或者发生非正常情况、设施故障影响正常运营时，及时通过多种信息发布手段对乘客进行告知。

第二十二条 轨道交通企业应当采取以下管理措施，为乘客提供良好的乘车环境：

（一）建立车站卫生保洁制度，保持站内设施和车厢清洁，出入口和通道畅通；

（二）建立急救协助制度，按照规定在车站配备医药箱；

（三）建立紧急关闭装置巡查制度，轨道交通运营期间遇有紧急情况时，及时启动紧急关闭装置。

第二十三条 区、县人民政府和轨道交通企业应当对各自责任区域加强市容和环境卫生管理。

第二十四条 轨道交通企业的驾驶员、调度员、车站值班员等工作人员必须经培训考核后，持证上岗。

轨道交通企业的工作人员应当按照规定统一着装、佩戴标志，礼貌待客、文明服务。

第二十五条 车站、车辆的广告设置应当合法、规范。广告设置不得影响服务标志的识别，不得影响轨道交通运营安全和服务设施的使用。

车站商业网点的设置应当符合运营安全、方便乘客、统筹规划、因地制宜的要求。除轨道交通车站设计方案确定设置的商业网点和设置在站台的自动售货机、书报亭外，禁止在车站出入口、站台及通道设置商业网点。

轨道交通企业应当定期对广告设施、商业网点进行安全检查。广告设施、商业网点使用的材质应当采用难燃材料，并符合有关消防规定。

广告设施、商业网点的设置作业或者维护作业应当在轨道交通非运营期间进行。

第二十六条 市交通行政管理部门应当定期通过乘客满意度调查等形式，对轨道交通运营服务情况进行评价。对评价中发现的问题，轨道交通企业应当及时改进，市交通行政管理部门应当加强监督。服务评价结果和改进情况应当通过多种方式向社会公布。

第二十七条 轨道交通票价应当与本市其他公共交通的票价相协调。票价的确定和调整应当依法召开听证会，广泛听取社会各方面意见，经市物价管理部门审核并报市人民政府批准。

轨道交通企业应当执行市人民政府批准的票价并予以公布。市物价管理部门应当对轨道交通票价的执行情况进行监督检查。

第二十八条 轨道交通运行过程中发生故障而影响运行时，轨道交通企业应当组织力量及时排除故障，恢复运行。一时无法恢复运行的，轨道交通企业应当组织乘客疏散和换乘，并及时向市交通行政管理部门报告。

轨道交通因故障不能正常运行十五分钟以上的，轨道交通企业应当出具延误证明，乘客有权持有效车票要求轨道交通企业按照原票价退还票款。

第二十九条 市交通行政管理部门应当制定《轨道交通乘客守则》。乘客进站、乘车应当遵守《轨道交通乘客守则》。

第三十条 乘客应当持有效车票乘车，乘客越站乘车的，应当补交超过部分的票款。

乘客无车票或者持无效车票乘车的，轨道交通企业可以按照轨道交通网络单程最高票价补收票款，并可加收五倍票款。市交通行政管理部门应当加强对轨道交通企业加收票款的监督。

享受乘车优惠的乘客应当持本人有效证件乘车。乘客不得冒用他人证件、使用伪造证件乘车。

乘客有冒用他人证件、使用伪造证件乘车和其他逃票行为的，有关信息可以纳入个人信用信息系统。

第三十一条 在轨道交通设施范围内禁止下列行为：

(一)拦截列车；

(二)擅自进入轨道、隧道等禁止进入的区域；

(三)攀爬或者跨越围墙、栅栏、栏杆、闸机；

(四)强行上下车；

(五)吸烟，随地吐痰、便溺，乱吐口香糖渣，乱扔纸屑等杂物；

(六)擅自涂写、刻画或者张贴；

(七)擅自设摊、停放车辆、堆放杂物、卖艺、散发宣传品或者从事销售活动；

(八)乞讨、躺卧、收捡废旧物品；

(九)携带活禽以及猫、狗(导盲犬除外)等宠物；

(十)携带自行车(含折叠式自行车)进站乘车；

(十一)使用滑板、溜冰鞋；

(十二)违反法律、法规规定的其他行为。

第三十二条 禁止乘客携带易燃、易爆、有毒、有放射性、有腐蚀性以及其他有可能危及人身和财产安全的危险物品进站、乘车。危险物品目录和样式由市公安、交通行政管理部门公告，由轨道交通企业在车站内予以张贴。

轨道交通企业应当按照有关标准和操作规范，设置安全检查设施，并有权对乘客携带的物品进行安全检查，乘客应当予以配合。对安全检查中发现的携带危险物品的人员，轨道交通企业应当拒绝其进站、乘车；不听劝阻，坚持携带危险物品进站的，轨道交通企业应当立即按照规定采取安全措施，并及时报告公安部门依法处理。

公安部门应当对轨道交通安全检查工作进行指导、检查和监督,并依法处理安全检查中发现的违法行为。

第三十三条 公安部门负责轨道交通的治安、消防管理,维护轨道交通的安全运营。

电力、供水、通信等相关单位应当保证轨道交通用电、用水、通信的需要,协助轨道交通企业保障轨道交通正常运营。

第三十四条 市交通行政管理部门和轨道交通企业应当建立投诉受理制度,接受乘客对违反本条例运营规定行为和服务质量的投诉。

轨道交通企业应当自接受投诉之日起十个工作日内作出答复。乘客对答复有异议的,可以向市交通行政管理部门申诉。

市交通行政管理部门应当自接受乘客投诉或者申诉之日起十个工作日内作出答复。

第四章　安全管理

第三十五条 轨道交通企业是轨道交通运营安全的责任主体,应当按照有关规定设置安全生产管理机构,配备专职安全生产管理人员,建立健全安全生产管理制度和操作规程,维护轨道交通运营安全。

第三十六条 轨道交通企业应当设置报警、灭火、逃生、防汛、防爆、防护监视、紧急疏散照明、救援等器材和设备,定期检查、维护,按期更新,并保持完好。

第三十七条 轨道交通应当设置安全保护区。安全保护区的范围如下:

(一)地下车站与隧道外边线外侧五十米内;

(二)地面车站和高架车站以及线路轨道外边线外侧三十米内;

(三)出入口、通风亭、变电站等建筑物、构筑物外边线外侧十米内。

第三十八条 在轨道交通安全保护区内进行下列作业的单位,其作业方案应当经过市交通行政管理部门同意,并采取相应的安全防护措施:

(一)建造或者拆除建筑物、构筑物;

(二)从事打桩、基坑施工、挖掘、地下顶进、爆破、架设、降水、钻探、河道疏浚、地基加固等工程施工作业;

（三）其他大面积增加或者减少载荷的活动。

市交通行政管理部门应当先将上述作业方案送轨道交通企业进行技术审查，轨道交通企业应当及时提出技术审查意见；市交通行政管理部门根据技术审查意见做出是否同意作业方案的决定后，应当及时告知轨道交通企业。

市交通行政管理部门应当会同轨道交通企业制定安全保护区作业方案技术审查规定，根据作业区域与作业类别的不同明确技术审查期限。

第三十九条　轨道交通企业应当建立相关制度，在安全保护区内组织日常巡查，同时按照技术审查意见，对第三十八条第一款有关作业的安全性进行日常监督，对作业项目相邻的轨道交通设施加强监护监测。

经同意在轨道交通安全保护区内的作业出现危及轨道交通安全情况的，或者未经同意在轨道交通安全保护区内进行作业的，轨道交通企业应当通知作业单位立即停止作业并采取相应的安全措施，同时报告市交通行政管理部门。

第四十条　在轨道交通线路弯道内侧，不得修建妨碍行车瞭望的建筑物、构筑物，不得种植妨碍行车瞭望的树木。

禁止向轨道交通轨道、高架或者隧道内抛掷杂物。

第四十一条　禁止下列危害轨道交通设施的行为：

（一）非紧急状态下动用紧急或者安全装置；

（二）损坏车辆、轨道、路基等设施和隧道、高架、车站及其附属设施；

（三）干扰机电设备和通信信号系统；

（四）损坏轨道交通设施的其他行为。

第四十二条　轨道交通企业应当开展日常安全隐患排查，并定期对轨道交通设施进行安全检查。发现安全隐患的，应当及时消除。

市交通行政管理部门应当对轨道交通运营安全实施动态监督检查；需要进行技术检测的，可以委托专业机构实施。

市交通行政管理部门应当建立轨道交通安全评价体系，定期组织专业机构对轨道交通运营情况进行安全评价。

对监督检查和安全评价中发现的问题，市交通行政管理部门应当提出整改意见,轨道交通企业应当按照要求予以落实。

第四十三条 市交通、建设行政管理部门应当会同公安等行政管理部门按照有关法律、法规以及本市突发事件总体应急预案的规定,组织编制本市轨道交通突发事件应急预案,报市人民政府批准后实施。

轨道交通企业应当根据轨道交通突发事件应急预案,编制本企业的具体应急预案,并报市交通、建设行政管理部门备案。

市交通行政管理部门、轨道交通企业应当定期组织运营应急演练。

发生自然灾害、恶劣气象条件或者发生运营安全事故以及其他突发事件时,相关行政管理部门和轨道交通企业应当及时启动应急预案进行处置。

第四十四条 因节假日、大型群众活动等原因造成客流量上升的,轨道交通企业应当及时增加运力,疏导乘客。

当发生轨道交通客流量激增而可能危及运营安全等紧急情况时,轨道交通企业应当按照有关规定采取限制客流量的措施,确保运营安全。

采取限制客流量等措施后仍然无法保证运营安全时,轨道交通企业可以停止轨道交通线路部分区段或者全线的运营,并应当立即报告市交通行政管理部门。

采取限制客流量、停运措施,造成客流大量积压的,市交通行政管理部门应当组织采取疏运等应对措施。

第四十五条 发生轨道交通运营安全事故时,轨道交通企业应当立即排查事故原因;经查清原因、消除妨碍后,在确保运营安全的情况下,及时恢复正常运行。

市人民政府及其安全生产监管、交通等行政管理部门应当按照国家和本市的有关规定对轨道交通运营安全事故组织调查和处理,公布事故原因和处理结果。

第四十六条 轨道交通运营中发生人身伤害事故,轨道交通企业应当及时抢救人员,妥善保护现场,维持秩序;公安部门应当及时对现场进行勘查、检验,依法进行现场处理。

第五章 法律责任

第四十七条 违反本条例规定的行为,有关法律、行政法规已有处罚规定的，从其规定。

第四十八条　违反本条例规定，轨道交通企业有下列行为之一的，由市交通行政管理部门按照下列规定予以处罚：

（一）违反第十四条规定，轨道交通建设不符合运营功能配置规范的，未配置安全可靠的运营、服务设施或者未建设完善的安全监测和施救保障系统的，责令限期改正，处二万元以上二十万元以下罚款。

（二）违反第十六条、第三十六条规定，未管理和维护好轨道交通设施的，责令限期改正；逾期不改正的，处三千元以上三万元以下罚款。

（三）违反第十七条规定，未按照国家有关标准和本市有关规定设置、维护轨道交通导向标志、安全标志等运营服务标志的，责令限期改正；逾期不改正的，处三千元以上三万元以下罚款。

（四）违反第二十条、第二十一条规定，未按规定公布或者告示有关事项，或者未按要求向乘客提供信息服务的，责令限期改正；逾期不改正的，处一千元以上五千元以下罚款。

（五）违反第二十二条规定，未按规定采取管理措施的，责令限期改正；逾期不改正的，处三千元以上三万元以下罚款。

（六）违反第二十四条规定，有关工作人员无证上岗或者工作人员未规范服务的，责令限期改正；逾期不改正的，处五百元以上二千元以下罚款。

（七）违反第二十五条规定，在禁止设置区域内设置商业网点或者设置、维护广告设施、商业网点不符合规定的，责令限期改正；逾期不改正的，处一万元以上三万元以下的罚款。

第四十九条　违反本条例第三十条第三款，冒用他人证件乘车的，由轨道交通企业处五十元以上五百元以下罚款；使用伪造证件乘车的，由轨道交通企业移交公安部门依据《中华人民共和国治安管理处罚法》予以处理。

违反本条例第三十一条第一项、第二项、第三项、第四项，第四十一条规定的，轨道交通企业有权对行为人进行劝阻和制止，并移交公安部门依法处罚。

违反本条例第三十一条第五项、第六项、第七项、第八项、第九项、第十项、第十一项规定的，由轨道交通企业责令改正，处警告或者五十元以上五百元以下罚款。

第五十条 违反本条例第三十八条第一款规定,未经同意或者未按照同意的作业方案在安全保护区内作业的,由市交通行政管理部门责令限期改正,处二万元以上二十万元以下罚款。

第五十一条 违反本条例第四十条第一款规定,修建妨碍行车瞭望的建筑物、构筑物的,由市交通行政管理部门责令限期改正;种植妨碍行车瞭望的树木的,由市交通行政管理部门责令限期修剪或者迁移。

违反第四十条第二款规定,向轨道交通轨道、高架或者隧道内抛掷杂物的,由市交通行政管理部门予以警告,并可处五百元以下罚款。

第五十二条 拒绝、妨碍市交通行政管理部门及其所属的交通行政执法机构或者轨道交通企业的执法人员依法执行职务,违反《中华人民共和国治安管理处罚法》的,由公安部门依法处罚;构成犯罪的,依法追究刑事责任。

第五十三条 违反本条例规定造成轨道交通设施损坏的,除依法给予行政处罚外,还应当承担相应的民事赔偿责任。

因轨道交通建设或者运营造成建筑物、构筑物损坏的,由轨道交通企业根据其损坏程度予以修复,或者给予相应的经济赔偿。

第五十四条 市交通行政管理部门及其所属的交通行政执法机构以及其他有关行政管理部门的工作人员有下列行为之一的,由其所在单位或者上级主管部门依法给予警告、记过或者记大过处分;情节严重的,给予降级、撤职或者开除处分:

(一)未依照本条例规定组织轨道交通试运营认定的;

(二)违法实施轨道交通安全保护区作业许可的;

(三)未履行安全检查、安全评价等安全监管职责的;

(四)其他滥用职权、玩忽职守、徇私舞弊的行为。

第六章　附　　则

第五十五条 磁浮交通的规划、建设、运营和管理参照本条例执行。

第五十六条 本条例自 2014 年 1 月 1 日起施行。

【重点解析】

《上海市轨道交通管理条例》是由上海市人大常委会通过,对本市范围内的轨道交通投资、建设、运营管理等具有法律效力的规范性文件。

作为车站服务人员，站务员的学习重点为“运营服务”及“安全管理”两个章节。这两个章节与站务员日常工作关系较大，对工作具有指导性。站务员需认真学习之后，才能有理有据地指导乘客进出站，维护车站日常运营秩序。

该条例明确规定，宠物（导盲犬除外）不得携带进站。对于导盲犬，应作为工作犬，根据国家有关法规的规定，在证照齐全的前提下，允许随主人进站。

乘客乘坐的轮椅（车），可分为普通轮椅，电动轮椅车、燃油燃气助力车等不同类型，应根据相关规定分别进行处理。

除此之外，学员还需掌握地铁对外服务承诺，即：

1. 窗口服务实行首问责任制，讲普通话，使用十字（您好、请、谢谢、对不起、再见）文明用语。

2. 首末班次列车正点运行。

3. 列车延误 15 分钟以上，办理退票并致歉。

4. 地铁服务热线全年 24 小时为市民服务，乘客投诉 3 天必有回复。

5. 革命伤残军（警）人、烈士家属、离休干部、本市 70 岁以上老人、盲人凭证免费乘坐地铁，对残障人士提供特殊服务。

4.2 上海市轨道交通乘客守则

上海市轨道交通乘客守则

一、根据《上海市轨道交通管理条例》（以下简称《条例》）第二十九条规定，制定本守则。

二、凡进站、乘车的，应当遵守本守则。

三、乘客应当遵守以下有关票务管理的规定：

（一）乘客应当持有效车票乘车；

（二）越站乘车的，应当补交超过部分票款；持票进入收费区后，须在合理时间内出收费区，超出合理时间的，应当按照网络单程最低票价补交票款；

(三)享受乘车优惠的乘客应当持本人有效证件乘车。乘客不得冒用他人证件、使用伪造证件乘车。

四、残疾军人凭本人《中华人民共和国残疾军人证》，离休干部凭本人《中华人民共和国老干部离休荣誉证》或者《中国人民解放军离休干部荣誉证》、盲人凭本人《上海市盲人乘坐车船有轨交通免费证》、革命烈士家属凭本人《上海市革命烈士家属优待证》、伤残警察凭《中华人民共和国伤残人民警察证》可免费乘坐轨道交通。

五、乘客须在安全线内候车，乘车时应当先下后上，上、下列车应当注意站台间隙；列车车门蜂鸣器响，车门及屏蔽门、安全门警示灯亮，乘客不得强行上、下车；车门开启、关闭时，不得触摸车门；车到终点，乘客应当全部下车。

六、老、幼、病、残、孕妇及怀抱婴儿者优先上、下车，其他乘客应当主动让座。

七、乘客可以免费带领一名身高 1.3 米(含 1.3 米)以下的儿童乘车，超过一名的按超过人数购票。无成年人带领的学龄前儿童不得单独乘车。

八、乘客携带的物品重量不得超过 23 千克，体积不得超过 0.2 立方米，长度不得超过 1.7 米，并不得影响其他乘客乘车。

九、凡进站、乘车的，禁止下列行为：

(一)拦截列车；

(二)擅自进入轨道、隧道等禁止进入的区域；

(三)攀爬或者跨越围墙、栅栏、栏杆、闸机；

(四)强行上下车；

(五)吸烟，随地吐痰、便溺，乱吐口香糖渣，乱扔纸屑等杂物；

(六)擅自涂写、刻画或者张贴；

(七)擅自设摊、停放车辆、堆放杂物、卖艺、散发宣传品或者从事销售活动；

(八)乞讨、躺卧、收捡废旧物品；

（九）携带活禽以及猫、狗（导盲犬除外）等宠物；

（十）携带自行车（含折叠式自行车）；

（十一）携带易燃、易爆、有毒、有放射性、有腐蚀性以及其他有可能危及人身和财产安全的危险物品；

（十二）携带有严重异味、未经安全包装的易碎、尖锐物品；

（十三）使用滑板、溜冰鞋；

（十四）非紧急状态下动用紧急或者安全装置。

十、赤脚、赤膊、油污衣裤者、醉酒肇事者、烈性传染病患者、无人监护的精神病患者或者健康状况危及他人安全者不得进站、乘车。

十一、乘客应当自觉保持车站、车厢的文明卫生，不得在列车车厢内饮食、大声喧哗，不得踩踏车站和车厢内座席。

十二、乘客应当正确使用轨道交通自动扶梯、自动售检票机、公共交通卡充值验票机及有关设施、设备。因乘客原因造成设施设备损坏的，乘客应当给予相应的经济赔偿。

十三、乘客应当自觉遵守轨道交通企业有关票务、安全等方面的服务须知，接受和配合安全检查，遵从服务、应急设施的使用提示，服从轨道交通工作人员的管理。发生纠纷时，可向轨道交通企业反映，但不得影响轨道交通工作人员的管理和轨道交通的正常运行。

十四、乘客违反《条例》及其他相关法律规定的，按照《条例》及其他有关法律规定予以处罚。

十五、本守则自 2016 年 6 月 26 日起施行。

【重点解析】

《上海市轨道交通乘客守则》是根据《上海市轨道交通管理条例》第二十九条规定制定，是进入轨道交通车站者均须遵守的基本守则。

站务员应熟知《上海市轨道交通管理条例》及《上海市轨道交通乘客守则》，在此基础上对乘客的各类违规现象进行劝阻和制止，并做好解释工作，以维护地铁车站的正常运营秩序，做好车站服务管理工作。

除乘客守则规定的情况外，站务员对老、幼、孕等乘客进出站应重点关注。

如乘客携带物品不在乘客守则规定的禁止范围之列,但又存在不适宜进站的情况,站务员应根据乘客守则所规定的原则,以“是否影响到其他乘客进站”为依据,进行判断及处理。

4.3 通用岗位工作标准

4.3.1 劳动纪律

(1)严格执行各项规章制度。

(2)提前15分钟到站,严格执行交接班制度,交清本工作范围内的设备、卫生及各类相关事项。

(3)班前4小时严禁饮酒。

(4)严禁携带私款、卡进入工作岗位。严禁无关人员进入工作岗位。

(5)认真工作,不得在非本职岗位工作场所滞留。

4.3.2 服务要求

(1)执行首问责任制。

(2)对违反《上海市轨道交通管理条例》《上海市轨道交通乘客守则》的乘客予以劝阻。

(3)车站服务设施、设备应按规定保持状态良好、发生故障及时报修。

(4)车站设置的各类标志完好,张贴、悬挂的各类公示牌应整齐,过期及时清理。

(5)按规定为残疾乘客提供服务。

(6)按规定接听电话,应自报单位名称,口齿清晰,速度适中。

(7)按规定使用对讲机。语言精练,口齿清晰,意思明确,语速适中,应答人员应复诵通报的内容。

4.3.3 工作技能

(1)掌握本站首末班车时间及轨道交通网络换乘点,熟悉车站周边情况。

(2)掌握简单的英语会话。

(3)正确操作、妥善保管设备,发生故障,及时报修。

4.3.4　环境卫生

(1)工作场所、休息室物品摆放整洁员工个人用品放在更衣箱内。

(2)负责本岗位内设施、设备及环境的清洁卫生工作,做到随脏随扫。

4.4　站务员各岗位工作标准

(1)负责站内安全、设施设备状态、卫生的巡视工作,按规范填写巡检记录,对发现的问题,及时 汇报,协助做好处置工作。

(2)负责站内运营相关设施设备的使用操作,并指导乘客正确使用各类自助设备。

(3)贯彻落实"关门良好手信号"的相关操作规定,督促乘客安全、有序候车。

(4)负责票款、票卡、发票的发放,售检票设备内的票卡、款的收发,以及票卡、款、备用金的调拨、回收、清点、封包、解缴工作,并按要求编制票务报表。

(5)贯彻执行标准化作业程序,做好人工售检票,公交卡出售、充值,票卡处理,专用通道管理等工作。

(6)履行服务承诺,热情为乘客提供服务。

(7)负责督导乘客遵守轨道交通乘客守则。

(8)发生各类运营突发事件时,做好乘客疏导工作,协助做好现场清理、取证、退票、解释、票款 保护等工作。

(9)负责夜间车站、区间巡视和道床清扫工作。

(10)负责做好道岔操作保养工作(有岔通过车站)。

(11)通用服务要求:严格执行客运服务人员通用服务工作规范。

(12)售票作业:上岗时带好票卡、备用金、抽屉钥匙、发票等工作用品,做好领用记录并按规定位 置摆放。严禁携带私款、卡等与工作无关的物品进售票亭;严格执行"一收、二验、三售找、四清"的一次作业程序准确发售车票,按规定提示乘客确认票卡面值;正确使用售票设备,注意人工售票机的运转状态,如发生故障,应及时报修;岗位交接时或暂离岗位时应有明显暂停标识,抽屉需上锁,不得封窗结账;准确填写报表、台账、结算单,交清当班现金。

(13)检验票作业:严格按照"一迎、二导、三处理"的一次作业程序指导乘客正确使用票卡,维持闸口的秩序;对无法正常过闸机的票卡,按规定及时给予处理;如需要经售票处分析处理的,须及时引导乘客至售票处进行分析和处理。

(14)车站巡视:按巡视制度,随时掌握进出闸机、导向标志、移动消防设施、护栏等设施设备的运行情况,确保活动导向标志按规定摆放;对违反《上海市轨道交通管理条例》相关规定的乘客 应及时予以制止,对于不听从劝告,欲强行进、出站,应及时通知值班站长处理;按"一观、二问、三帮"要求,做好便民服务措施;做好运营前后的车站出入口卷帘门和自动扶梯的开启、关闭工作,运营结束后,确保无乘客滞留车站。

(15)客服中心作业:严格履行售票、检验票作业要求;按"一迎、二听、三答"要求,接待乘客问询、建议、投诉;做好专用通道的管理工作,验明为有效证件后,开启专用通道放行,做到随 开随关并登记。

(16)站台监护:维护站台正常候车秩序,按照"一看、二接、三送"的一次作业程序做好接发列车工作;站台站位应符合规定,密切注意乘客候车动态,认真监护列车运营和乘客安全,积极疏导、维护车站秩序;严格执行清车作业规定,在 2 分钟内完成清车作业,并做好解释工作;做好乘客伤亡事故的取证及保护现场工作,积极疏导乘客,协助清理现场;正确显示"关门良好手信号",紧急情况下采取防护措施。

(17)完成上级交办的其他任务。

【重点解析】

岗位作业标准是每个站务员上岗作业时必须遵照执行的作业程序。在整个地铁范围内,即使在不同车站,只要是相同岗位,其作业标准就是一致的,也就意味着乘客可以得到一视同仁的服务。

在岗位上严格执行岗位作业标准，不仅是客运服务的基础要求，同时也向乘客传递着这样的理念——我们是专业的客运服务人员，提供的是专业的客运服务。

履行岗位作业程序与标准既能确保乘客的乘车安全，确保乘客得到优质的服务，又能保障站务员本人在作业时避免差错，一举两得。

在工作中应始终坚持贯彻作业标准。试结合案例进行思考。

【小案例】

某日，乘客张小姐至某站服务中心站务员处，用 100 元要求充值 50 元，充好离开后才发现，站务员未找零，而且也没有给发票。

案例分析：

站务员在进行加值作业时应严格执行“一收、二验、三处理、四清”的一次作业程序。在“三处理”中需特别注意：严格执行“找零一次完成”的作业要求，将票卡和找零一起交给乘客，强调的是时间上的“同时性”，这可以避免由于疏忽而造成票卡或找零的遗漏，也是对站务员一次作业完成的自我监督。

4.5　其他客运服务规定

4.5.1　交接班制度

客运班组应在上岗前提前 15 分钟到车控室或站房门前集中进行列队点名并整队。

岗前由值班站长检查班组成员的仪容仪表，发型、制服穿着、饰品佩戴要求符合通用服务标准要求，班组内制服统一，成员精神面貌良好。

进行标准化岗位作业重点内容的讲解，必要时予以示范，如：严格执行“首问责任制”的显示等，对班组成员的标准化作业执行情况予以点评、总结，提出持续改进要求。

传达上级来文、通知内容，对重点要求予以详细讲解，并落实本班工作要求和注意事项。

根据接班情况对班组成员进行日常运营及突发情况下的岗位布置，明确岗位要求。

讲解其他需要在班前会说明的事项。

点名完毕后由值班站长带领全体班组成员上岗。

4.5.2 遗失物品管理制度

1. 拾得失物的接收处理

车站工作人员、车站驻站工作人员拾得乘客遗失物品后应主动上交当班值班站长。

列车司机或基地人员在车站拾得乘客遗失物品后，应及时上交就近车站或终点站的当班值班站长。

列车司机或通勤工作人员在列车内拾得乘客遗失物品后，应及时上交终点站当班值班站长。

若在列车入库后，列车司机或清洁人员拾得乘客遗失物品，应及时上交当班乘务车队长，由当班乘务车队长于次日再交本线出库站值班站长。

乘客拾得乘客遗失物品交予车站的，由当班值班站长负责接收。

2. 检查登记

当班值班站长在收到遗失物品后，必须会同上交拾得物品者当场清点实物，共同填写《乘客遗失物品登记簿》，对拾得物品的品名、件数等要素应按实物填写，顺序编号，妥善保存。拾得现金、贵重物品应存放在保险柜内保存，并在《乘客遗失物品登记簿》"备注"栏内注明。

如遗失物品系加锁或封固的，一般不予开封检查，在登记后移交公安部门处理，并于《乘客遗失物品登记簿》"备注"栏内注明接受单位及接收人。

如遗失物品中夹有危害公共安全的易燃、易爆、有毒等危险品应立即移交地铁公安机关处理，并在《遗失物品登记簿》上注明。

如可疑物品要就地定位，并保护好现场，然后报辖区派出所公安部门前来处理；若经公安部门检查属乘客遗失物品时，按照上述规定处理。

3. 查找

各车站有帮助乘客寻找遗失物品的义务。乘客发现遗失物品后，向车站工作人员或公司服务热线请求查找，有关车站工作人员接到请求时，必须积极帮助查找，并通过有效途径及时向乘客反馈。

4. 招领

车站收到乘客遗失物品后，应尽量设法寻找失主予以归还；对各类证件或有线索的物品应通过各种途径寻找失主，并通知其本人前来领取。

对价值较大的物品（如金饰品、贵重手表、手机、照相机、摄像机等物品），需在拾得当日向服务热线报备，并于次日在车站公告栏张贴失物招领启事，便于失主认领。

5. 交还

交还失主认领物品前，失主需出示身份证等有效证件，必要时可由单位出具介绍信，经查验身份证等有效证件，以及核对物品品名（型号）、颜色、数量、时间和地点等要件，确认无误后，及时记录失主的身份证号码、家庭（单位）地址或通信方式等，并由失主在《乘客遗失物品登记簿》上予以签收。

6. 保管

车站值班站长作为车站乘客遗失物品管理工作责任人，需做好遗失物品的检查登记、查找、招领、交还等工作。

客服部指定专人负责管理车站上交的乘客遗失物品，并加强对车站乘客遗失物品工作的检查、指导。

对于拾得的现金和上交的乘客遗失物品处理所得的现金，由客服部专人按季度汇总后，上交公司计划财务部列账。

对未能及时认领而又容易腐烂变质的物品可根据实际情况，经客服部同意，可由车站负责人做出处理（这里特指不能确保卫生的食品）。遗失物品处理后，均应在《乘客遗失物品登记簿》上及时予以注明。

7. 提交

对无人认领的物品或现金须在车站存放满三个月后，由车站集中上交至客服部并附上有经办人亲自签字的清单（清单一式两份，一份交由客服部，另一份留车站备案）。清单上交日期为每季度第一个月的十日前。客服部应对车站集中上交的物品分门别类，及时登记造册，妥善保管。

8. 其他

对拾得物品，任何单位和个人不得借用、挪用、调换和侵占，如有违反，给予处分,构成犯罪的依法追究刑事责任。

【重点解析】

值班站长召开班前点名会,班组成员应准时出席,并按规定着装,列队整齐,听取值班站长布置的本班工作要点,旨在向乘客展示我们良好的精神面貌。

站务员应恪守职业道德,捡到乘客遗失物品,应立即主动上交给当班值班站长。

乘客捡到的遗失物品交予站务员时,站务员应陪同乘客上交当班值班站长,并当场会同上交拾得物品者当场清点实物,收到乘客遗失物品后,应尽量设法寻找失主予以归还;对各类证件或有线索的物品应通过各种途径积极寻找失主,并通知其本人前来领取。

随着管理模式的发展,遗失物品管理也可通过路网的在线平台进行管理。其优点是具有实时性,公开性,便于资源共享,有利于失主及时寻回遗失物品。

【小案例】

某日,乘客陆小姐在上车时不小心把保温杯盖子掉进隧道,下车后其至某站向工作人员反映,当时工作人员告知会给予回复。但过了好几天都没有工作人员联系陆小姐。

案例分析:

在我们的服务工作中,常与乘客之间会因某事许下一个"承诺",这承诺是基于我们作为地铁客运服务人员的职责,是一种义务。本案例看似是由于一个杯盖引发的小事,但却反映出我们与乘客之间的一种"承诺"关系,反映出首问责任制的基本要求。乘客没有等到电话就会认为车站不守信用,从而影响车站的形象,甚至影响企业的形象。

4.5.3 专用通道管理规定

地铁车站专用通道是为特定乘客和人员以及为突发事件等情况而设置的进出车站的通道。根据轨道交通管理条例和有关的规章制度,各地铁运营公司对专用通道的管理一般作如下规定:

1. 专用通道日常管理

(1)车站专用通道设置在站厅层客服中心(或补票亭)旁。专用通道门有门禁式专用通道和宽式闸机两种,平时应处于锁闭状态。

(2)车站专用通道服务人员必须对放行人员认真验证后操作专用通道放行。

(3)车站专用通道旁应在醒目位置张贴"1.3 米以下儿童;中华人民共和国革命伤残军(警)、离休干部;本市盲人、烈士家属免费乘车专用通道"的标志。

2. 开启专用通道的条件

(1)可免费乘坐地铁的乘客:即持有《中华人民共和国残疾军人证》《中华人民共和国伤残人民警察证》《中华人民共和国老干部离休荣誉证》《中国人民解放军离休干部荣誉证》《上海市盲人乘坐车船有轨交通免费证》《上海市革命烈士家属优待证》等证件的乘客。

(2)由成年人带领的一名 1.3 米以下(包括 1.3 米)儿童可免费从专用通道进出车站(成人须购票进站)。

(3)乘客大件携带品(应符合《上海市轨道交通管理条例》规定的携带品范围)。

(4)由于发生大客流造成自动售检票系统降级运营时。

(5)由于设备故障等原因造成列车在本站清客时。

(6)紧急情况下的乘客疏散时。

(7)警察执行公务时,经出示警察证且查验身份合格的。

(8)接待、视察、参观等:带队人员持申通集团办公室或运管中心运营管理部盖章的《地铁现场接待联系单》,在规定期限内带相关接待人员经专用通道进出车站。

3. 管理要求

(1)站务员严禁擅自放行不符合进出车站专用通道的人员,如有强行进出车站专用通道的人员,应予以制止。

(2)车站对不符合进出车站专用通道的乘客可按《上海市轨道交通管理条例》予以处理。

(3)车站对除乘客之外强行进入车站专用通道的人员,必须在登记该人员有效证件信息后放行,信息由各运营公司汇总后上报集团运营管理部。

4. 其他

(1)地铁相关工作人员可根据实际情况按规格办理通勤计次卡、同站/区域进出卡等按使用规定进出费区。

(2)凡服务于本站付费区岗位的社会志愿者等人员,在本站办理好登记手续,列队后由值班站长带领从本站专用通道进出。志愿者等证件均不作为乘车凭证。

(3)站务员应根据值班站长布置,做好车站专用通道使用情况的统计工作。

【重点解析】

车站的专用通道是由当班站务员负责管理。因此,站务员应熟知专用通道管理规定,对不符合规定的乘客应解释引导其从闸机刷卡进站。

对按规定可凭证免费乘车的人员,站务员应做好验证工作,使用专用通道做到随开随关,并正确记录。

【小案例】

乘客李先生在某站将行李留在收费区内,先自行刷卡出站,后至服务中心,未说明具体情况,仅提出:帮我开门。站务员当即表示:“你是谁啊,凭啥帮你开门?”

案例分析:

站务员在接待乘客的过程中,严格执行专用通道管理规定。但在服务过程中服务技巧还有一定欠缺,没有了解情况就贸然作答,引起小纠纷。站务员应全面了解乘客需求,并懂得运用服务语言。

在站务员管理专用通道时,如遇到未主动出示相关证件的乘客,可用“十字文明用语”请乘客出示证件,如:“您好,请配合出示一下证件,可以吗?”避免使用过于直白、带有反问色彩的用语。

4.5.4 外部采访接待处理要求

地铁车站是窗口服务单位，受到市民、媒体的关注度较高。因此在运营期间发生一些突发事件时，经常有媒体至车站提出临时采访要求等。

车站接待媒体应以车站负责人为主。站务员应了解地铁对于车站接待外部采访的处理要求，配合车站负责人，正确应对采访接待要求。

1. 现场新闻拍摄采访的形式

(1)临时性拍摄采访：指未办理书面手续，口头通知被拍摄或采访对象接受拍摄采访。

(2)预约拍摄采访：指按规定办理书面手续，并持凭证依照相关要求进行拍摄采访。

(3)突发性拍摄：指未办理书面手续，对于车站进行临时突发性事件而进行的拍摄采访。

2. 现场接待的方式

(1)如遇临时性拍摄采访：

报运营公司办公室报备，并由其作出判断处置。

引导拍摄单位致电运营公司办公室，经办公室同意后，配合拍摄。

(2)如遇预约拍摄采访：

车站做好拍摄采访的登记工作。

车站配合拍摄采访工作。

(3)如遇突发事件的拍摄采访：

了解新闻媒体采访的目的，仔细、耐心接待。

联系办公室专人，告知突发事件，并由其作出判断处置。

引导拍摄单位致电公司办公室，经办公室同意后，配合拍摄。

3. 发生各种不同情况时的答复

(1)如突发事件尚在处置中，答复：

“对不起，我们正在抓紧进行现场处置，如果要采访，请与我公司有关部门联系。”

(2)如突发事件现场处置已经结束，答复：

“对不起,有关信息的发布由公司统一安排,如果要采访,请与我公司有关部门联系。”

(3)如新闻单位到非事发车站了解情况,答复:

“对不起,我对××事件或其他车站情况不了解,具体情况请与我公司有关部门联系。”

4. 注意事项

(1)采访对象应掌握采访口径、提前做好被访准备,注意衣着形象,热情接待,采访区域环境应保持整洁,并确保安全。

(2)若无法掌握拍摄采访口径,及时与公司办公室联系。

(3)车站不可贸然、粗略拒绝新闻媒体的采访,造成不必要的负面影响。

【重点解析】

以上规定,主要立足在车站负责人角度。站务员作为接待媒体记者的第一人,应按照首问责任制的要求,负责前期礼貌、友好接待,但需及时上报值班站长按规定处置,不得擅作主张。既不能贸然接受采访,也不能粗暴无礼拒绝等。

如遇到媒体记者临时性的采访要求,车站原则不予接待,应婉言拒绝。

如遇预约或突发性的媒体采访要求,应由车站负责人(值班站长或区域站长)负责接待,采访对象及车站相关人员应掌握采访口径,注意衣着形象,避免造成不必要的负面影响。

第5章　安全规章制度

安全是轨道交通运营的根本，是最大的服务。没有安全，轨道交通的服务就没有基石，因此，车站运营过程中应始终贯彻“安全第一，预防为主”的安全生产方针，并实现安全管理。

轨道交通车站站务员相比列车司机、车站值班员等岗位，虽不是安全核心岗位，但车站承担着每天几万甚至几十万的乘客运输任务，安全要求仍不可谓不高。站务员，尤其是站台监护岗站务员，应当熟知岗位相关安全规章制度，自觉遵照执行，并做到标准化作业，以杜绝安全隐患，确保运营生产安全有序地进行。

5.1　站台安全监护管理规定

随着轨道交通网络化运营的发展和客流量的持续攀高，车站站台候车乘客较多（特别是高峰时段），乘客上下完毕，准确判断车门和屏蔽门（安全门）关闭状态，并人工确认车门间是否有夹带现象发生，成为确保乘客乘降安全的关键作业环节。目前司机人工瞭望虽有技防措施支持，但曲线站台车站仍然瞭望视线不良。为安全起见，各运营公司通过互控手段，采取站台服务员现场确认后再通过指示灯信号告知司机，来防止列车在车站关门作业时发生夹人夹物动车事故。为规范站台服务员“关门良好”指示灯操作，制定了相关规定。

1.“关门良好”指示灯操作规定

（1）“关门良好”指示灯显示的定义

①亮稳定绿灯

站务员（站台监护）确认列车停站开关门作业完毕后，车门关闭、屏蔽门（安全门、电动栏杆）关闭，无夹人夹物情况后，通过站台无线遥控器按压“发车键”按钮,站台指示灯和司机侧指示灯亮稳定绿灯。

②红灯闪烁

遇突发紧急情况,站务员(站台监护)通过站台无线遥控器按压“禁止发车键”,站台指示灯和司机侧指示灯红灯闪烁,同时司机侧报警蜂鸣器响。

③绿灯闪烁

一侧站台设有 2 名站务员(站台监护)时,在列车尾部紧急关闭按钮处站务员(站台监护)确认后半段车厢车门、屏蔽门(安全门、电动栏杆)关闭,无夹人夹物情况,该站务员(站台监护)按下无线遥控器“发车键”,站台指示灯绿灯闪烁且司机侧指示灯不亮;该信号仅表示该名站务员(站台监控) 所辖范围安全。

④指示灯均灭

列车正常启动,站务员(站台监护)目送整列车出清站台后按下无线遥控器“复位键”,站台指示绿灯及司机侧指示绿灯全灭。

(2)本侧站台设置 1 名站务员时的显示要求

站务员(站台监护)站在规定位置面向列车,左右瞭望,确认车厢车门、屏蔽门(安全门、电动 栏杆)关闭,无夹人夹物情况,站务员(站台监护)按下无线遥控器“发车键”,站台指示灯亮稳定绿灯且司机侧指示同时亮稳定绿灯。电客列车驾驶员凭站台司机侧指示灯亮稳定绿灯且具备动车条件后确认动车。

(3)本侧站台设置 2 名站务员时的显示要求

①在列车尾部紧急关闭按钮处站务员(站台监护)确认后半段车厢车门、屏蔽门(安全门、电动 栏杆)关闭,无夹人夹物情况,该站务员(站台监护)按下无线遥控器“发车键”,站台指示灯绿灯闪烁且司机侧指示灯不亮;该信号仅表示该名站务员(站台监护)所辖范围安全。

②在列车头部紧急关闭按钮处站务员(站台监护)确认前半段车厢车门、屏蔽门(安全门、电动 栏杆)关闭,无夹人夹物情况,同时看到站台指示灯绿灯闪烁后按下无线遥控器“发车键”,站台指示灯亮稳定绿灯且司机侧指示同时亮稳定绿灯。电客列车驾驶员凭站台司机侧指示灯亮稳定绿灯且具备动车条件后确认动车。

③站务员（站台监护）显示信号应严格遵循从后向前逐级传递的原则。

(4)终点站、折返站清客作业完毕时的显示要求

①大小交路终点站、需办理临时清客作业车站站务员（站台监护）“清客完毕”手信号仍按《终点站、折返站请客作业完毕站务员手信号显示规定》中清客完毕信号显示方法执行。电客列车驾驶员确认“清客完毕”手信号后方可关闭车门。

②电客列车驾驶员关门作业完毕后，动车条件按（2）、(3）操作。

(5)“关门良好”指示灯信号显示及收回的时机

列车正常启动，站务员（站台监护）目送整列车出清站台后方可按下“复位键”，站台指示绿灯及司机侧指示绿灯全灭。

2.“关门良好”指示灯故障状态下的操作

(1)当站务员（站台监护）在按下无线遥控器“发车键”后站台指示绿灯未点亮时，应立即汇报车站值 班员（行车），同时立即取出备用信号旗，车站值班员（行车）与行调取得联系，行调通知电客列车驾驶员，电客列车驾驶员凭站务员（站台监护）旗信号方式确认动车。

(2)电客列车驾驶员正常关门后，首先确认司机侧指示绿灯是否点亮，如未点亮则再确认站务员（站台 监护）是否显示绿色旗信号，如未显示则按以下操作：

如遇“关门良好”指示灯司机侧指示灯不亮或长时间无显示，而站台指示灯亮稳定绿灯时，电客列车驾驶员应及时通知行调并使用端头门对讲机与车站值班员（行车）联系，确认无异常后凭站务员（站台监护）旗信号方式确认动车。

3. 应急处置

(1)站务员（站台监护）的应急操作

列车车门或屏蔽门（安全门、电动栏杆）发生夹人夹物时，站务员（站台监护）立即按压站台上的紧急关闭按钮截停列车，同时按下无线遥控器“禁止键”，站台红色指示灯闪烁，司机侧红色指示灯闪烁，报警蜂鸣器响，电客列车驾驶员严禁动车。待事件处理完毕站务员（站台监护）恢复紧急关闭按钮后，再按下无线遥控器“复位键”，站台及司机侧红色指示灯灭。恢复正常

后的操作按上述规定流程执行。

(2)其他情况的应急操作

①如遇“关门良好”指示灯司机侧指示灯亮稳定绿灯,而站台指示灯不亮时,电客列车驾驶员凭站台司机侧指示灯亮稳定绿灯且具备动车条件后确认动车。站务员(站台监护)待整列车出清站台后立即按故障报修流程操作。

②如遇“关门良好”指示灯司机侧指示灯不亮或长时间无显示,而站台指示灯亮稳定绿灯时,电客列车驾驶员应及时通知行调并使用端头门对讲机与车站值班员(行车)联系,确认无异常后凭站务员(站台监护)旗信号方式确认动车。

(3)故障报修流程

①“关门良好”指示灯出现故障后,站务员(站台监护)应立即向值班站长及车站值班员(行车)汇报。值班站长负责立即向委外单位报修同时在公司报修平台上进行登记,生产调度接报后按报修流程进行操作。

②“关门良好”指示灯修复后值班站长在公司报修平台上进行闭环确认。

(4)“关门良好”指示灯状态检查

①每日运营开始前,站务员(站台监护)须对站台无线遥控器进行检查测试,检查发射器电量是否充足,测试发射器按钮控制是否有效,检查站台指示灯、司机侧指示灯显示是否正确,车站值班员(行车)应通过探头进行监控。检查测试完成后,由车站值班员(行车)在《车站行车日志》安全交底栏中进行记录,并登记站台检查人员姓名。检查测试一旦发现异常现象,立即按故障流程处理。

②值班站长每日须对“关门良好”指示灯设备进行巡视,发现灯罩破损、立柱倾斜、支架摇晃或积灰等情况,立即按故障流程处理。

【重点解析】

显示“关门良好”指示灯信号,是一项需要“用心”去做的工作,对安全意识的要求格外高。因此,站务员必须准确理解该信号的显示含义。

“关门良好”指示灯信号显示含义为站务员已确认在列车停站开关门作

业完毕后，车门关闭良好，无夹人夹物情况。这就要求站务员在自己巡视范围内，认真监护、确认每一扇车门、屏蔽门是否存在夹人夹物情况，无论有任何细微的不确定之处，都不能放过，必须第一时间现场确认，排除夹人夹物的可能。

有些站务员认为：假设站务员在一班作业的过程中，要监护一百班列车的开关门作业，作为一个普通人，难免有一两班车接车时精神疲惫，疏于职守，从概率来说，不过是百分之一，还有九十九班认真接发没有隐患，自己仍然是有责任心的好员工。须知事故的发生不能用概率来衡量，一旦发生，就是百分之百的危害结果。因为，站务员要有充分的责任感与安全意识，确保每一次信号显示都经过了严格的确认，杜绝臆测、杜绝疏忽大意、杜绝对隐患存有侥幸心理等过失情况出现。

5.2　轨道交通突发事件的处置规定

随着轨道交通的飞速发展，切实加强轨道交通安全防范和突发事件应急处置工作，确保轨道交通公共安全的重要性日益凸显。

现以上海地铁突发事件的处置规定为例，简要介绍轨道交通突发事件应急处置。

根据《上海轨道交通网络运营突发事件应急预案管理规定》，应急预案体系分为三个层级，第一层级为总体预案，第二层级为专项预案，第三层级为现场处置预案。

总体预案是应对突发事件的整体计划、规范程序和行动指南，从总体上阐述应急处置方针、政策，应急组织机构及相关应急职责，应急响应、措施和保障等基本要求和程序，应对各类运营事故的综合性文件，也是专项预案的纲领性文件。

专项预案是运营突发状态下组织协调相关专业实施应急处置的程序文件，针对某一类事故明确处置流程和各岗位操作要求，是总体预案的细化和延伸，每项专项预案都有一项或多项现场处置方案与之对应。

现场处置方案是根据总体预案和专项预案，结合事发场所及作业类型的具体特点，根据运营生产现场岗位人员，明确应急处置措施具体要求，详细指导运营生产设施设备操作及现场救援工作的文件,是专项预案的补充和细化,形式主要包括运营管理部、运营设施设备管理部编制的跨专业跨单位的网络级现场处置方案;各运营公司、维保专业单位根据自身业务分工编制的公司级预案;各运营车站根据自身特点细化形成的一站一预案。

应急预案应包含以下内容:

总体预案主要规定突发事件应对的基本原则、组织体系、运行机制,以及预警响应和应急保障的总体安排等,明确相关各方的职责和任务;

专项预案针对不同突发事件的特点,侧重明确预案的启动条件、信息收集报告、故障/事件预警预判、应急响应、故障/事件处置(包括前期确认、应急处置和后期处置)、人员救助和故障/事件整改分析等内容,重点体现故障/事件处置流程和各专业岗位响应要求。

现场处置方案针对具体的位置、场所和岗位所制定的应对突发事件时应急处置措施,主要包括运营突发事件应急工作职责、应急处置程序与注意事项等内容。现场处置方案应具体、简单、针对性强。

其中,专项预案的类型包括列车事故、列车故障、车站失电、接触网/接触轨失电、信号故障、通信中断、AFC故障、线路故障、轨行区异物侵限、区间积水、电梯事故、大客流、区间疏散、车站疏散、公交配套保障、道床伤亡、公共治安事件、车站火灾、列车火灾及台风、暴雨等。

【重点解析】

车站应通过多种形式开展应急预案的教育、培训,并根据实际情况,采取实战演练、桌面推演等方式,组织开展多种形式的应急演练,使本站站务员充分了解应急预案内容,熟悉应急处置职责、处置程序和处置方案。

5.3 配合车站行车作业有关规定

1. 正线施工的安全管理

第三十条 施工计划编制应严格按《施工计划编制的安全控制规定》的要求执行。

第三十一条 动车施工应严格按《动车施工的安全控制规定》的要求

执行。

第三十二条　接触网/接触轨停电施工，严格按集团接触网/接触轨挂设接地线规定要求执行。

(一)施工负责人在确认调度员施工登记号已下发后，方可安排接触网/接触轨验电、挂设接地线等工作。

(二)施工负责人在确认施工所需的接触网/接触轨验电、挂设接地线等安全措施全部完成后，方可开始施工。

(三)施工负责人在确认接地线已拆除后，方可办理施工注销手续。

(四)施工作业过程中发生跳闸短路现象，应保护现场，并立即撤离施工人员。

第三十三条　施工安全要求

(一)凡需进入线路的施工原则上必须为2人及以上，其中一人担任现场防护员，施工人员必须穿着反光背心，并根据作业性质及作业要求使用其他安全防护用品。擦拭道岔、清扫道床作业允许不设现场防护员。

(二)施工过程中动用了行车设备，施工注销前，必须会同设备使用方人员一起试验确认设备正常。因施工造成运营设备停用或降级使用的，应立即通知设备管理单位、使用单位和调度部门，由设备管理单位组织抢修并明确运行限制条件。

(三)所有施工人员必须接受登记点工作人员的监督管理。登记点工作人员有权取消或停止任何违章或不符合条件的施工。

(四)信号新系统(软件)倒接投用前，施工单位必须组织交底及培训，倒接后安排保驾。涉及ATS、轨旁软/硬件倒换的调试施工，施工结束后保驾至10:00；涉及ATS、轨旁软/硬件升级的施工，施工结束后保驾至运营结束。

(五)一级重大施工的倒接、驳接等关键节点，须设备管理单位分管副总或以上人员参与现场保驾。二级重大施工的倒接、驳接等关键节点，须设备管理单位主管部(室)副职或以上人员参与现场保驾。

(六)严禁侵限、超时、超范围施工，严格执行各项安全作业制度、安全操作规程。

(七)施工单位必须加强对施工安全和工程质量的监督检查,发现安全隐患要责令立即纠正。

(八)施工的安全防护用品必须配备到位;特种作业人员必须做到持有效证件上岗,需要定期检测的作业工具和器材必须在检测合格有效期内。

(九)根据集团统一部署,执行重大活动和节日期间,施工备案、审批制度。

2. 清扫道床作业相关规定

(1)车站站界内股道清扫作业必须征得行车调度员同意后方可进行。

(2)车站站界内股道清扫工作由站务员负责,每日运营结束后进行。

(3)遇有影响股道清扫作业的动车施工,当天可以不进行清扫作业。

(4)股道清扫作业人员必须穿着反光背心,带好对讲机,在办理好登记手续后方可进入股道。

(5)股道清扫完毕,作业人员必须确认工完场清后方可离开股道,并立即办理注销手续。

(6)清扫一条股道的作业时间一般不超过 15 分钟。

3. 道岔日常维护保养相关规定

(1)车站必须每天对站界内的道岔进行清扫保养。

(2)车站每日道岔清扫保养的作业时间段规定为自本站图定运营列车开行完毕 20 分钟后开始,至次日运营开始前一小时止。车站应在上述时间段内利用施工作业间隙,按照规定进行该项作业,作业时间不超过 30 分钟。

(3)遇下列情况,车站可以不进行当天的道岔保养作业,但是需要在《车站生产日志》上予以注明:

①受雨雪天气影响,地面及高架车站可以不进行当天的道岔保养作业。

②受夜间动车施工影响,封闭(锁)区段内的车站可以不进行当天的道岔保养作业。

③受夜间施工资源限制,调度员不批准道岔擦拭施工的,车站可以不进行当天的道岔保养作业。

(4)车站道岔保养实行包干制,各车站应明确个人承担保养职责的道岔编号。

(5)部分运营关键有岔站的行车人员除完成个人包干的道岔保养工作外，还应对进出库进路、折返进路上的相关道岔每日进行滑床板除锈涂油作业。

(6)安装了液压道岔的车站，除每日进行道岔清扫保养作业外，还需确认转辙机基坑积水情况，确保不影响道岔使用状态。

(7)地面及高架车站在雨雪天气停止后，应立即对所辖全部道岔进行清除积水或者积雪、滑床板除锈涂油等作业。

(8)冬季遇气温低于 0 ℃(含 0 ℃)时，车站必须使用专用防冻油进行滑床板除锈涂油作业。

(9)各区域应将道岔清扫保养纳入车站日常管理并进行重点监控，如发生因人为因素造成道岔故障的，将对责任人进行严肃考核。

(10)道岔日常维护保养方法

在确认线路空闲，道岔状态良好的情况下，先用钢丝刷、纱皮等工具将杂物、铁锈铲除干净，再上机械润滑油，确保充分润滑。维护保养完成后要达到下列效果：

①道岔滑床板板面清洁，无油污。

②尖轨、辙叉部分干净无油污，护轮轨槽内无杂物。

③道岔连接杆与道床之间留有约 2 指宽间隙。

④道岔区内无杂草、无脏物。

⑤表示器、标志灯、矮型信号机清洁、无积灰。

4. 手摇道岔接发车的作业规定

(1)手摇道岔接发车作业时，行车调度将故障车站后方列车扣停于后方车站，区间列车立即停车待命。

(2)当班车站值班员报告当班值班站长、列车司机报告当班驻调司机对作业进行全程监控。

(3)行车调度报调度长审批，经授权同意后，行车调度发布调度命令，布置车站准备进路(含防护进路)。

(4)车控室车站值班员布置专人(以下简称作业人员)至现场确认道岔位置等情况(包括进路办理涉及所有道岔)，作业人员进行复诵确认，值班站长(电话闭塞法行车时值班站长在车控室监护)及作业人员带齐相关手摇道岔工具(手摇手扳轴等)、手信号工具至现场确认现场道岔情况。

(5)作业人员至现场确认道岔位置等情况后,向车控室车站值班员报告,车控室车站值班员进行复诵确认。

(6)车控室车站值班员向作业人员布置进路办理准备要求(包括需手摇道岔的编号及要求办理位置,如进路上道岔可电器锁闭则以电器锁闭方式锁闭,无须手摇),作业人员进行复诵确认。

(7)作业人员根据进路准备要求将道岔手摇至正确位置,到位后加钩锁器。

(8)作业人员在进路准备完毕(进路上所有道岔已锁闭在正确位置)后,向车控室车站值班员汇报进路准备情况,车控室车站值班员进行复诵确认。

(9)车控室车站值班员向行车调度汇报车站进路准备情况。

(10)值班站长对手摇道岔作业全程监护,与现场作业人员共同核对进路办理要求及准备等情况。

(11)现场作业人员位于现场来车方向首副道岔旁安全位置向接近列车显示手信号。

(12)行车调度在得到车站接车进路准备完毕的报告后,命令后续列车司机以 ATP 方式运行至无码区段后,转为人工限制向前方式运行至首副道岔前停车,确认手信号并逐副确认道岔位置继续运行进站。

(13)终端折返站(站后折返)车站值班员根据行车调度的指令安排列车折返,折返进路办理妥当后,列车司机根据车站作业人员手信号办理折返作业。

(14)列车发车进路准备完毕后,车控室车站值班员向行车调度汇报车站进路准备情况。行车调度得到车站进路准备完毕的报告,确认行车闭塞情况满足后,命令列车根据车站手信号发车。

【重点解析】

车站站务员是车站施工检修作业时,在车站值班员授权下,进行现场监督、防护的人员,是运营结束后负责道床清扫、道岔保养作业的责任人员,很多情况下都在作业施工的第一现场,因此需熟知相关规定。除此之外,对于集团公司下发的新规定等，也应第一时间学习。

在日常的配合作业中，站务员需时刻牢记“安全第一，预防为主”的安全工作方针，严格按照规章制度规范作业，避免造成人为事故。

5.4　轨道交通运营事故调查处理规则

轨道交通运营事故调查处理规则应包括总则、适用范围、等级划分、报告要求、调查程序、责任判定、损失认定、统计分析、罚则等。下面就等级划分与报告要求做重点展开。

5.4.1　等级划分

轨道交通在运营生产过程中发生火灾、爆炸、列车冲突、脱轨等，或者在行车相关作业过程中造成人员伤亡，财产损失、影响正常行车达到一定程度的，均构成轨道交通运营事故。

运营生产过程中发生下列情形的，按《生产安全事故报告和调查处理条例》(国务院 493 号令)定为特别重大事故。

(1)造成 30 人以上死亡；

(2)100 人以上重伤(包括急性工业中毒，下同)；

(3)1 亿元以上直接经济损失。

运营生产过程中发生下列情形的，按《生产安全事故报告和调查处理条例》(国务院 493 号令)定为重大事故。

(1)造成 10 人以上 30 人以下死亡；

(2)50 人以上 100 人以下重伤；

(3)5 000 万元以上 1 亿元以下直接经济损失。

运营生产过程中发生下列情形的，按《生产安全事故报告和调查处理条例》(国务院 493 号令)定为较大事故。

(1)造成 3 人以上 10 人以下死亡；

(2)10 人以上 50 人以下重伤；

(3)1 000 万元以上 5 000 万元以下直接经济损失。

运营生产过程中发生人员伤亡,财产损失、影响正常行车达到下列情形之一的,为一般事故 A 类。

(1)造成 2 人以上死亡,或 3 人以上重伤;

(2)造成 500 万元以上直接经济损失;

(3)造成 1 条已(试)运营线路运营区段单向中断行车 5 小时以上,或者 1 条已(试)运营线路运营区段双向中断行车 3 小时以上;

造成已(试)运营线路非运营区段中断使用 7 小时以上。第十条 运营生产过程中发生人员伤亡,财产损失、影响正常行车达到下列情形之一,后果不及一般事故 A 类的,为一般事故 B 类。

(1)造成 1 人死亡,或 3 人以下重伤;

(2)造成 300 万元以上直接经济损失;

(3)造成 1 条已(试)运营线路运营区段单向中断运营 3 小时以上,或者 1 条已(试)运营线路运营区段双向中断 1 小时以上;

造成已(试)运营线路非运营区段中断使用 4 小时以上。第十一条 运营生产过程中未发生人员死亡,有发生人员受伤,财产损失、影响正常行车达到下列情形之一的,为一般事故 C 类。

(1)造成 1 人重伤,或者 5 人以上轻伤;

(2)造成 5 万元以上直接经济损失;

(3)造成已(试)运营线路严重晚点 1 小时以上。

运营生产过程中,有发生下列情形之一可能危及运营安全,引起人员伤亡、财产损失的,如果进一步发展可能会扩大为一般事故 C 类以上的,为一般事故 D 类。

(1)运营区段列车挤岔;

(2)运营区段车辆脱轨;

(3)运营区段列车冒进信号或越过警冲标;

(4)擅自向有车占用的区间发出列车;

(5)擅自向有车占用的线路接入列车;

(6)未准备好进路接、发列车;

(7)未办或错办闭塞发出列车;

(8)运营区段中出现车辆断轴，车轮崩裂，零部件脱落导致影响运营等后果，车钩连接异常、分离等情况，存在严重安全隐患；

(9)非运营区段车辆冲突；

(10)运营区段因人员或异物侵限导致列车迫停或车辆、设施设备损伤；

(11)电客列车带电进入停电区；

(12)错误向停电区段的接触网供电；

(13)无调度命令施工，超范围施工，超范围维修作业；

(14)运营列车错开车门、未关闭车门行车且未采取相应的安全防护措施、运行中开启车门；

(15)运营列车(屏蔽门、安全门)夹人动车；

(16)因设备故障、操作不当、管理不善等直接导致运营列车延误 30 分钟以上。

在运营生产过程中有发生下列情形之一，后果未构成一般事故 D 类的，为一般事故 E 类。

(1)造成 5 人以下轻伤；

(2)造成 5 万元以下直接经济损失；

(3)非运营区段车辆脱轨、分离、挤岔；

(4)非运营区段车辆冒进信号；

(5)错办或未及时办理信号致使列车停车；

(6)错办行车凭证发车或致使列车延误；

(7)施工、检修、清扫设备等致使列车延误 30 分钟以上；

(8)作业人员违反劳动纪律、作业纪律致使列车延误；

(9)擅自发车、开车、停车、退行、错办通过或错误通过；

(10)列车车辆未撤除防溜装置或止轮器动车；

(11)漏发、错发、漏传、错传调度命令致使列车延误；

(12)错误操纵、使用行车设备致使列车延误；

(13)电客列车错误进入无接触网线路；

(14)未按规定安装、撤除接地保护装置；

(15)列车运行中擅自切除车载安全防控装置；

(16)运营列车(屏蔽门、安全门)夹物动车;

(17)因设备故障、操作不当、管理不善等致运营列车延误 15 分钟以上。

实际运营过程中发生的其他事故,其严重程度与上述情形等同但又未列入其中的,按照相应等级事故调查处理。可对影响行车安全的其他事故进行专项调查处理。

因事故死亡、重伤人数 7 日内发生变化,导致事故等级变化的,相应改变事故等级。

5.4.2 报告要求

发生运营生产事故后,应尽力保护现场,保留原始记录;若现场因运营恢复需要,无法有效保护,应在第一时间由现场人员自行取证,取证的样本应确保能真实反映实际情况,不得人为破坏、伪造现场,不得毁灭、篡改原始记录。

事故发生后,现场有关人员应立即上报主管部门或单位;部门或单位负责人接到报告后,应当立即向运营指挥协调室报告。发生一般事故 C 类以上的事故,运营指挥协调室接到报告后,应当立即向相关领导报告。发生一般事故 B 类以上的事故,应按程序要求向政府上级主管部门报告。紧急情况下,事故现场有关人员可以越级上报事故情况。不得隐瞒不报、迟报、谎报或者拖延不报。

事故报告的主要内容:

(1)事故发生时间、地点、区间(上下行、百米标)、线路条件、事故相关单位和人员;

(2)事故已经造成或者可能造成的伤亡人数(包括下落不明的人数),是否涉及境外人员伤亡,并初步估计直接经济损失;

(3)事故简要经过;

(4)事故原因的初步判断,事故发生后采取的措施及事故控制情况;

(5)救援要求及对运营的影响程度;

(6)应当立即报告的其他情况。

各相关责任单位应当速报现场实际情况,以便后续能正确决策;事故处置过程中，应认真核查事故造成的影响和后果，不断按要求续报相关信息；在事故全部处置结束后，在规定时间内形成完整的报告，书面提交相关主管部门。

【重点解析】

事故发生后，车站站务员应立即：

(1)救治伤员，防止事故影响扩大。

(2)按规定立即汇报。

(3)尽力保护现场，保留原始记录；若现场因运营恢复需要，无法有效保护，应第一时间由现场人员自行取证。

第 6 章　票务规章制度

6.1　票价的制定

1. 票价

(1)票价分类

票价是指出售车票的面额。票价一般分为基本票价和全程票价。基本票价是指乘坐交通工具的起始收费金额,全程票价是指乘行距离为线路全长的总票价。

(2)票价计费规则

一般情况下,轨道交通票价的制定,应该以“公益为先,兼顾效益”,考虑票价价格不背离价值的原则,按价值规律办事。同时兼顾轨道交通的公用服务性质,尽可能地减少国家贴补和照顾企业经济利益,同时考虑乘客的承受能力。做到政府、企业、乘客三方面都满意,三方面共赢。

以上海地铁为例。上海轨道交通网络票价体系实行按里程计价的多级票价制,即:0～6 公里(含 6 公里)3 元,6～16 公里(含 16 公里)4 元,16 公里之后每 10 公里增加 1 元。最低票价 3 元(5 号线 2 元),最高票价 14 元。轨道交通网络中只有五号线票价沿用原票价表,0 至 6 公里 2 元,6 公里之后每 10 公里增加 1 元。但当乘客涉及跨线,即目的地站非五号线时,采用网络票价方法进行计算。

上海轨道交通票价计算采用最短路径法,即:当两个站点之间有超过 1 条换乘路径时,选取里程最短的一条路径作为两站间票价计算依据。

上海轨道交通运管中心提供运营线路的各站间里程,换乘站线路换乘关系,出站方式,作为多级票价指导依据。

(3)车票清分

①最短路径法

早期：当两个站点之间有超过 1 条换乘路径时，选取里程最短的一条路径作为两站间票价计算依据，按照运营线路在此最短路径中所占比例，对每笔换乘交易的票款收益进行清分。

②多路径影响法

现在：随着轨道交通运营网络化的形成，两个站点之间换乘路径可以有多种方式，多路径影响法将最短路径和合理路径结合考虑，票价制定采用最短路径，收益清分时采用合理路径。

所谓合理路径，是选定两个站点之间符合条件的路径，将所有的可能路径按里程从短到长排序。合理路径数量一般取 1～5 的整数，将每条合理路径确定一个选乘概率，按选乘概率和路径长度分配票款收益。

2. 票制

票制可分为单一票制、计程票制和分时票制。

单一票制是指不论乘行距离远近，票价均相同。单一票制以每次进、出车站乘车作为一个乘次，每个乘次收取一个固定费用的收费方法，如 2014 年以前，北京轨道交通使用 2 元的单一票制；上海轨道交通使用的一次往返票和赠票。都属于单一票制范畴。

计程票制是根据乘客每个乘次乘车里程进行计价的收费方式，目前国内城市轨道交通使用计程票制；因为计程票价制对乘客的负担比较合理，对地铁管理部门收益也有利，但售票与票务管理工作复杂。

分时票制是根据时间进行计价的收费方式，如地铁使用的一日票、三日票都属于分时票制范畴。

3. 优惠措施

(1)公交卡使用优惠

为了鼓励乘客乘坐轨道交通时，使用公交卡乘车，减轻因乘客购买单程票对售检票设备造成的压力，上海地铁自 2005 年 11 月 1 日起，按自然月计算，使用交通卡乘坐地铁满 70 元之后，当月在地铁内再次使用交通卡消费，每次按 9 折优惠。直至本自然月结束为止，下个月将重新进行计算。

(2)与公交联乘优惠

为鼓励引导市民利用公交出行，缓解交通压力，上海地铁自 2007 年 10

月 28 日起实施,在 120 分钟内使用公共交通卡由轨道交通换乘公交或由公交换乘轨道交通时,享受减 1 元的优惠。

如果一次出行同时享受二种优惠,即 70 元后 9 折优惠与公交换乘轨道交通减 1 元的优惠。计费方式:先扣除与公交联乘优惠 1 元,剩余部分按 9 折计算。

(3)“出站换乘”

自 2008 年 6 月 1 日起,上海地铁实施出站换乘。出站换乘是针对不具备物理连接收费通道的换乘车站而增加一种特殊换乘方式,即持交通卡乘客在规定的时间间隔内(两站之间的时间不能超过 30 分钟“系统暂定为 40 分钟”,超过时间将重新计费),从规定站点出站并换乘同站另外一条线路,售检票系统对其进行连续计费并按票价表扣费的一种换乘方式。

现在能享受出站换乘的车站有:1 号线、3 号线和 4 号线的上海火车站站;2 号线、12 号线和 13 号线的南京西路站;2 号线、10 号线的虹桥 2 号航站楼站。持单程票的乘客无法在这些车站一票换乘。

6.2 票务管理办法

1. 票卡管理

轨道交通目前广泛使用的车票是一种非接触式 IC 卡车票,由集成在车票内的芯片,通过车票内的电感线圈作用,感应射频电源信号,将此信号变为直流电源,供应车票芯片工作。当车票在接近读卡机持续时间大于 500 毫秒,车票线圈产生感应电压,支持车票与读卡机之间进行数据互动,完成车票数据进行读、写和传输操作。

轨道交通网络中目前使用的车票有单程票、公共交通卡、纪念票、一日票、三日票、票务专用票、一次往返票、敬老卡、手机票、地铁磁浮联票十种车票类型。这些票种可分为非接触式智能储值卡(Contactless Smart Card, CSC 卡)和非接触式集成电路卡(IC 卡)2 大类。

CSC 卡主要以公共交通卡和手机票为主,公共交通卡由上海东方公共交通卡股份有限公司制作发行,可按规定的金额充值,尾程车资不足时可透支一次。手机票由中国移动制作发行，部分手机卡不提供尾程车资透资服务。

非接触式集成电路卡(IC 卡)通称轨道交通专用车票，部分轨道交通专用车票可回收重复使用，主要类型有：单程票、应急票、赠票、纪念票、测试票、特种票(1 日票、3 日票)、一次往返票、地铁磁浮联票和公务票等，根据市场及乘客的需要还可以发行计次票、优惠票及其他预留票种。轨道交通专用车票编号采用两位英文字母加六位数字的方式，前两位英文字母代表车票类型如表 1，头两位数字代表车票生产年份，中间两位数字代表生产批号，末两位数字代表生产厂商，例如：PD 16 03 01 中，PD 代表单程票，16 代表生产年份为 2016 年，03 代表当年第三批，从 01 编到 99 循环使用，01 代表生产厂商。车票类型代码见表 6-1。

表 6-1　车票类型代码

车票类型	单程票	赠票	测试票	储值票	旅游纪念票	特种纪念票	个性纪念票	特种票
代码	PD	PZ	PS	PC	JL	JT	G	T

(1)单程票

单程票(single journey ticket, SJT) 按不同乘距收费，在规定的时间和车站，可在轨道交通网络中使用一次，单程票利用薄型 IC 卡制作，并采用“照进插出”的方式，出站由检票机回收。乘客应按乘车起讫点购买相应票价的车票。

单程票由票务中心中央编码机编码。车站根据单程车票的每日发售情况和结存数向运营公司提出申领，由运营公司负责各车站之间的调拨工作。线路之间的车票调拨及新票的申领，由运营公司向主管部门申报，主管部门进行调拨工作。

单程票由车站人工售票机(BOM)或自动售票机(TVM) 设备赋予一定金额。非正常车票由站务员人工回收并放置在补票窗口的废票盒内。

单程票当天有效。当天未使用(即未经过进站检票机)的车票可以无理由退票，非当天的未使用车票不予退票。

当列车故障，车站广播通知退票时，乘客须持票从专用通道出站，凭该票在 7 个工作日内到任意车站可办理退票。

(2)应急票

遇有可见性大客流时,车站应提前向运营公司主管部门提出书面申请。由主管部门负责向票务中心提出制作申请,经审核同意后由票务中心制作。主管部门应指定专人提前一天进行交接,并负责车站间的调配工作。

领用车站必须指定专人对应急车票进行验收,应急票经当面清点确认后方可入库并做好在《票卡收发柜存账》栏目中按不同面值分开登记。由验票人和当班站长共同做好应急票的封包工作。封包上应注明票种、封包日期、车票张数、车票票价及封包操作人姓名,并应尽量将封包存放在编码室的保险箱中或有人看管的带锁铁箱中。车站票卡收发柜存见表 6-2。

表 6-2　车站票卡收发柜存

年-月-日	票种类型	员工号	摘要	收入	领用	结存	签收	摘要选择	签名人 ID	操作

应急票是一种特殊的单程票,由线路中央编码机统一赋值。当车站设备发售能力不能满足客流需要时由车站设专窗人工出售,并张贴明显的专窗售票指示提示乘客。

(3)赠票及致歉信

①申请:主管部门负责在每年年初根据车站需要向票务中心提出赠票的制作申请,赠票由票务中心统一制作并赋值。一般情况下每站储备 400 张,车站储备低于 100 张时应向主管部门提出书面申请,由主管部门负责车站之间的调拨工作。致歉信由主管部门在每年年初负责制作,一般情况下每站储备 5 000 张。车站储备低于 1 000 张时应向主管部门提出书面申请,由主管部门负责车站之间的调拨工作,如图 6-1 所示。

②领用及存放:领用车站必须指定专人对赠票进行验收,票卡经当面清点确认后方可入库并做好在《票卡收发柜存账》栏目中的登记工作。由验票人和当班站长共同做好赠票的封包工作。封包上注明票种、封包日期、车票张数、车票票价及封包操作人姓名,并应尽量将封包存放在编码室的保险箱中或有人看管的带锁铁箱中。车站还应做好致歉信《票卡收发柜存账》的登记工作,如实填写致歉信的发放记录。

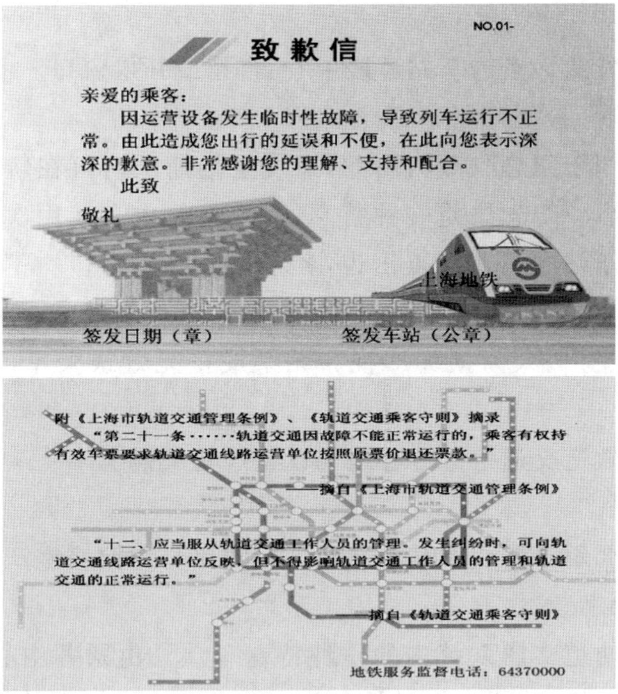

NO.01-

致歉信

亲爱的乘客：

因运营设备发生临时性故障，导致列车运行不正常。由此造成您出行的延误和不便，在此向您表示深深的歉意。非常感谢您的理解、支持和配合。

此致

敬礼

上海地铁

签发日期（章）　　签发车站（公章）

附《上海市轨道交通管理条例》、《轨道交通乘客守则》摘录

“第二十一条……轨道交通因故障不能正常运行的，乘客有权持有效车票要求轨道交通线路运营单位按照原票价退还票款。”

——摘自《上海市轨道交通管理条例》

“十二、应当服从轨道交通工作人员的管理。发生纠纷时，可向轨道交通线路运营单位反映，但不得影响轨道交通工作人员的管理和轨道交通的正常运行。”

——摘自《轨道交通乘客守则》

地铁服务监督电话：64370000

图 6-1　致歉信

③发放范围：

赠票是在轨道交通运营发生晚点、延误等情况而需要办理退票时，应依据“一张赠票对应一张退票”的原则发放。

当车站在处理乘客投诉、反映问题等纠纷时，区域站长可视情使用乘客赠票，但应严格遵循“一人一票、适当安抚”的原则。

致歉信在轨道交通运营发生晚点、延误时，办理退票手续时主动发放。但对于未购票或未进站的乘客应视情按“索取才给”的原则办理。

④使用要求：

赠票为纸质计次票，乘客可持该票在有效期内任意乘坐轨道交通一次，进出站采用“照进照出”的方式，出站不再回收。

对乘客公告赠票的有效期为一个月，但车票设置有效期为一年。赠票属免费赠品，不得兑换现金。

车站收到“致歉信”，应事先加盖“站名公章”作为“签发车站”并填写线

路号。

“致歉信”发放地点为车站客服中心、售票或补票窗口。

(4)纪念票

纪念票是用于纪念收藏为目的,在规定的期限内可在轨道交通网络中使用一次的车票。纪念票是一种特殊的计次票,内含使用次数为1次。由分布在各轨道车站的营业网点出售,各车站的售票窗口均不出售。纪念票采用“照进照出”的方式,使用完毕后返还给乘客用于收藏,纪念票不可二次编码。纪念票遗失、人为损坏即视为无票或持无效票乘车,处理规则同单程票。

纪念票由轨道交通票务中心编码设备进行编码。

(5)测试票

测试票主要用于新线系统测试及运营线路日常检修生产测试。

(6)特种票

特种票是轨道交通系统内的一种特殊车票。由票务中心统一编码,指定车站或地点发售,车票启用时间以首次在进站检票机上使用开始计算,之后的规定小时内可反复多次乘坐轨道交通的所有线路。可以是24小时的“一日票”,也可制作成72小时的“三日票”。可以根据不同的要求,制作不同时效的特种车票:一日票、三日票。

一日票金额18元。三日票金额45元。

一日票(或三日票)使用方法为:照进照出,出站不回收。车票启用时间以首次在进站检票机上使用开始计算,之后24(或72)小时内可反复多次乘坐轨道交通的所有线路(磁浮除外),但同一站点出站后5分钟之内无法再次进站。未使用(即该票卡信息验证后无任何进出站记录)的车票可以无理由至一日票(或三日票)发售点退票,车票一经使用则不予退票。

(7)公共交通卡

“公共交通卡”为非接触式智能卡,可在地铁、公交、轮渡等交通消费,可反复充值使用,当公共交通卡内有储值金额时,在乘坐轨道交通时可透支使用一次,但最高透支额不超过8元。当透支金额超过8元时,须在充值后方可正常出站(充值金额必须为10元的倍数,最低为10元,最高卡内金额不得超过 1 000 元）。加值时输入金额后必须将公共交通卡紧贴感应器 3 秒钟以上并提醒乘客确认加值金额。

①领用：运营公司指定专人与公共交通卡公司进行交接，并根据各站每日发售情况和结存量进行合理分配。票卡在交接时交接人员应当面点清并做好在《票卡收发柜存账》栏目收、发、存台账。

②发售：只能在客服中心或售票窗口发售，普通卡（可退卡）押金为 20 元，纪念卡（不可退卡）押金为 20 元/25 元。

③充值：在客服中心或售票窗口的人工售票机（以下简称 BOM）或在自动充值机（以下简称 CVM）上充值，卡内金额最高可达 1 000 元。BOM 单次充值金额应为 10 元的倍数，售票员在每次发售和充值时必须做到二次确认，且提供打印凭条。二次确认即：第一次请乘客确认卡内余值，第二次请乘客确认加值后卡内金额。CVM 每次充值的金额即为投入纸币面额的金额，最小 10 元，最大 100 元，充值金额由乘客自行在 CVM 设备上确认。

④移资和退卡：需要移资或退卡的顾客必须到指定的公共交通卡退卡点才能办理。

⑤回收：可反复充值，检票机不回收，普通卡可至退卡点退卡。

（8）手机卡

乘客使用手机卡可在标识有手机钱包标志的地铁专用检票机刷手机卡进站，并在刷手机卡出站时扣减相应费用。

手机卡的相关票务处理该卡的进出站更新、超时更新等日常票务处理参照公共交通卡处理，其他异常处理如下：

A. 手机没电

①未进站乘客另外购票进站。

②未出站乘客，在各个车站客服中心配备万能充电器供乘客应急使用，出站乘客可选择待手机正常开机后出站，但车站不承担使用万能充电过程中可能发生的手机故障等任何风险。

B. 手机故障且现场无法直接解决

①未进站乘客另外购票进站。

②未出站乘客补票出站。对于故障手机，乘客可拨打 10086 咨询后至

上海移动指定营业厅处理,修复后才能重新刷机乘坐地铁。

C. 车站检票机故障,无法刷机进出站

①未进站乘客引导至购票处,另外购票进站。

②未出站乘客引导从专用通道出站,并在本站 BOM 界面下更新收费后,退换相应票款。

D. 地铁故障造成的退票

乘客可在 BOM 机执行退票流程的操作(在 BOM 界面下更新后退款 6 元的退票操作方式)。当场未办理的,可在 7 个工作日内至轨道交通任一站点进行办理。

E. 手机遗失或被窃

①如进站之前手机遗失,乘客另外购票进站。

②如乘客刷机进站后手机遗失,出站时在服务中心补票。

F. 透资的处理

因部分手机卡不提供透资服务,会造成乘客正常进站后不能透资出站:

①乘客给手机充值后可正常出站。

②乘客补票出站,待乘客充值后再到车站进行票务处理(如:更新后退还更新费等)。

G. 车站不接受手机卡充值、移资、故障卡受理业务。如乘客有相关疑问可查询:中国移动客服热线 10086。

6.3 票卡流程

对于采用可循环使用票卡的票务收费系统,其票卡流程主要如图 6-2 所示。

1. 车票制作

票务中心根据各线路客流情况统一制作车票。

2. 车票的清洗

车票采用超声波清洁设备进行清洗,并在清洗剂中添加消毒剂,在对车票清洗的同时完成对车票的消毒工作。

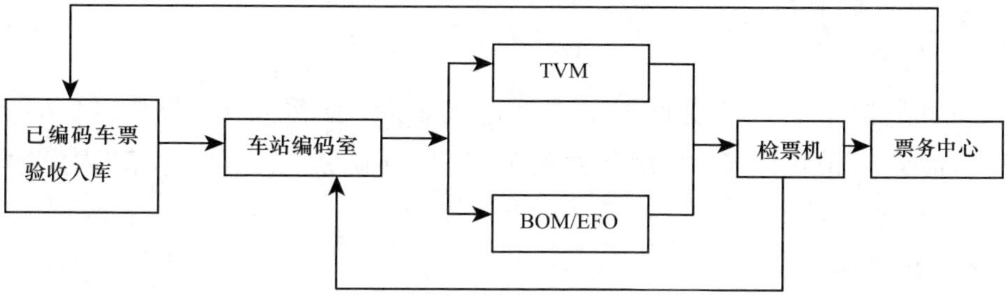

图 6-2 票卡流程

车票清洗周期暂定为半年，由运营公司负责将需清洗车票送交集团运管中心进行定期清洗工作。

3. 车票的报废

轨道交通专用车票由票务中心按技术标准确认为破损票后，统一报废销毁。

4. 车票的安全

(1)任何时间，车票只能存放于编码室，BOM/EFO、TVM、GATE 等地点，除非特殊原因，任何人不可在其他地点放置车票。

(2)对于回收的废票，由车站值班站长负责将其妥善保管在编码室指定的废票存放点，避免与其他单程票混淆，并在接到运营公司通知后定期上交。

(3)有价值的车票在运送途中，一律放在配票箱中。

6.4 票款管理

6.4.1 票款管理

1. 现金流程

(1)车站现金流程(图 6-3)

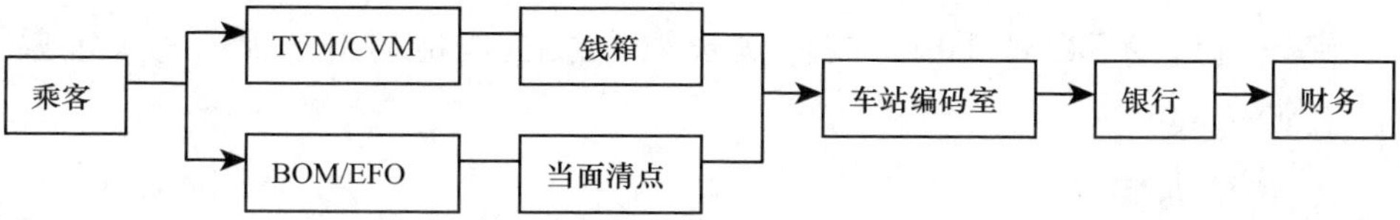

图 6-3 车站现金流程

2. TVM 的票款

(1)售票准备

票款员按车站计算机设置的“纸币找零箱”金额要求,加装“纸币找零箱”。加装“纸币找零箱”金额须由两人操作,并确认“纸币找零箱”内金额。

(2)售票期间

①“钱箱满”

车站计算机发出 TVM/CVM“钱箱满”的报警时。由行车值班员通知票款员更换钱箱。票款员接“钱箱满”报警通知后,立即更换钱箱,并打印收据作结算凭证。票款处理完毕,应立即锁入保险箱中。

②“找零箱”空

车站计算机发出 TVM“找零箱”空的报警时,由行车值班员通知票款员调换“找零箱”。票款员按车站计算机设置“找零箱”金额要求,调换找零箱。加装“找零箱”金额须由两人操作,并确认“找零箱”内金额。

③售票结束

由票款员和车站指定人员共同回收钱箱。回收钱箱包括“纸(硬)币回收箱”“纸币找零箱”。清点钱箱内票款必须由包括票款员在内的两人操作。

中班票款员应核对 TVM 及 CVM 的实际金额与打印收据金额后按规定进行封包,处理完毕后应立即锁入保险箱中。

6.4.2 BOM/EFO 的票款

1. 售票准备

票款员预先将票盒加满并锁闭设备,同时应在《票卡收发柜存账》栏目中做好记录。无人售票车站应在人工售票亭内常备一个装满车票的票盒,以便车站自动售票系统发生故障及应急时使用。

售票员启动 BOM/EFO,按操作步骤登录操作员号和密码,进入售票界面并开始售票。

2. 售票期间

售票员按操作步骤发售单程票、CSC 卡,并对 CSC 卡进行充值,续期。

售票员按操作步骤分析单程票和 CSC 卡，合理处理乘客事务。BOM 车票用完或一个班次售票结束，售票员应及时通知票款员更换票盒。票款员应按操作步骤调换票盒，并做好在《票卡收发柜存账》栏目中登记工作。

3. 售票结束

售票员按操作步骤退出售票界面，注销登录，收清桌面，锁闭售票亭。售票员退回售票亭钥匙。（早班退回接班人，中班退回值班站长）

6.4.3　票款的收缴规定

（1）车站所有的票款结算、封包及票款交接工作都必须在编码室的监视器下进行。

（2）工作人员在结账时，在票务信息管理系统中正确填写各类报表、解款单、计数单、封口条等。

（3）票款汇总后进行整理、封扎。封包必须用银行提供的封包袋，按规定进行封包。每一笔解款单对应一只封包袋，银行提供的封包袋拉锁必须用绳子双结扎紧，绳结处加贴封口条，封口条加盖二名经办人骑缝章。封口条必须填写日期、站名、金额，金额必须与计数单和解款单金额一致。

（4）车站要按规定执行预缴款及封包交接制度，进款要做到收缴正确，账款相符，交接清楚，手续完整。票款的解缴，由银行到各站收取。

6.4.4　票务管理流程及票款安全

1. 发票的管理

单程票和交通卡定额发票见表 6-3。

表 6-3　单程票和交通卡定额发票

发票类型	面　值
一卡通充值定额发票	10 元、50 元、100 元、200 元
一卡通维修定额发票	15 元、20 元
单程票定额发票	1 元、2 元、3 元、4 元、5 元、6 元、7 元、8 元、9 元、18 元

车站领用定额发票须凭原发票存根到票务组调换，车站发放时在“上海

轨道交通票务信息管理系统”中应做好《票卡收发柜存账》登记工作。

值班站长负责定额发票的管理工作。未使用的定额发票的保存必须做到发票与票根相连,确保单本发票的完整性和库存发票票号的连续性。值班站长将定额发票发放到服务员手中时应将票根撕下,并做好票根的保存工作,以便日后更换新的定额发票。应按发票面值分别登记在《票卡收发柜存账》中,对每位售票员的每次领用、更换都要做到一一对应、相符。

“一卡通定额发票”由售票员按交易金额发放给乘客,或是乘客凭自动充值机的打印凭条交换相应金额的发票。如乘客有特殊原因需要发票,由值班站长负责处理,但原则上不予受理。

乘客在出站时可至车站服务中心或补票亭领取相应金额的“单程票定额发票”,车站其他范围不再进行单程票发票的发放。乘客使用公共交通卡乘坐地铁的可领取当次车程票额的“单程票定额发票”。

2. 票款的安全

(1)车站售、补票亭(房)、编码室等与票款有关的房间内无论有无工作人员工作,票亭(房)门、防盗门等必须保持关闭且有效锁闭状态。

(2)票款工作人员在工作时必须将票款、有价票卡等放置在工作场所的安全区域(编码室、售/补票亭、客服中心)。工作人员在解送票款时必须将票款放置在隐蔽处(售票箱包或解款袋内),并有一名工作人员陪同,严禁票款工作人员单独解送票款、有价票卡。

(3)票款工作人员在离开售票或补票岗位时必须将票款、有价票卡等放置在售票桌的抽屉内,并保持锁闭状态。BOM(人工售票机)应处于用户退出状态。

(4)票务相关工作人员在对自动售票机等设备进行换票、取币后,相关登入系统的密码必须处于退出状态,并将设备门保持关闭有效锁闭状态。票款人员在对自动售票机等设备进行取币操作时,必须携带无线对讲设备,遇异常情况及时与行车值班员进行信息汇报。当自动售票机等设备出现异常登入或非法闯入等报警信息,行车值班员应及时通知相关工作人员确认设备是否有异常情况发生。

(5)当车站编码室内无工作人员时,保险箱必须保持关闭状态,密码锁处于乱码状态，保险箱钥匙由车站值班站长随身携带。

(6)车站必须将票务用各类技防设备处于有效使用状态，严禁将技防设备处于无效使用或擅自关闭状态，技防设备发生故障后应在 12 小时内及时报修。

第 7 章　城市轨道交通售检票系统

7.1　人工售检票方式

售检票作业是地铁客运组织工作的一个重要环节。人工售检票的方式分三种：

(1)进站检票：这种方式只适用于单一票价的轨道交通系统，车站只在进站口安排检票人员，对乘客进入付费区实行检票进站，乘客出站时不再检票，可以自由出站。

(2)出站检票：这种方式也只适用于单一票价的轨道交通系统，乘客可以自由进出付费区乘车，车站只在出站口安排检票人员，对出站乘客实行检票出站。由于出站客流相对集中，这种方式比进站检票方式实施难度大。

(3)进出站都需检票：这种方式可适用计程票价的轨道交通系统，车站在进、出站口都安排检票人员，对乘客进、出付费区都实行检票作业。这种方式能减少或杜绝无票乘车现象，减少或避免客运收入的流失，但相对讲，人工费用较前面两种方式要多。

人工售检票方式的主要优点是设备投资低，缺点是需雇佣大量的检票人员，支付较多的人工费用。这种方式往往在新线开通初期，客运量较小的线路上推行。

7.2　自动售检票系统

7.2.1　车站设备简介

车站设备平面图如图 7-1 所示。

1. 人工售票机

人工售票机(Booking Office Machine，BOM)是在车站分析和出售车票

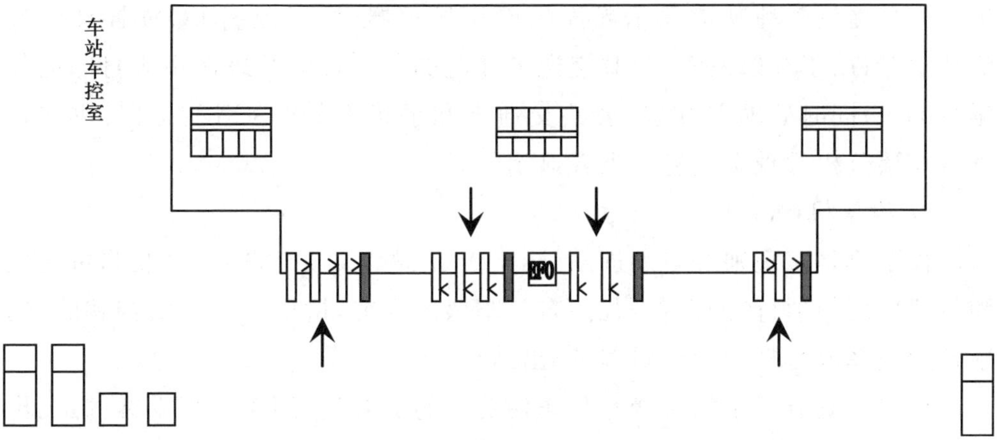

图 7-1　车站设备平面图

的设备。人工售票机有两种工作方式:人工售票(BOM)方式和人工补票(Excess Fare Office Machine,EFO)方式。人工售票方式的工作发生在车站的非收费区(non-pay area),人工补票方式的工作发生在车站的付费区(pay area)。这两种方式的功能,见表 7-1。

表 7-1　人工售票方式和人工补票方式功能

人工售票方式(BOM)	人工补票方式(EFO)
登录/下机	登录/下机
发售车票种类:单程票	发售车票种类:出站票
发售 CSC 卡种类:公共交通卡	无
车票分析:车票信息查询 更新单程票、公共交通卡	车票分析:出站更新 超程更新
诊断 *	诊断 *

人工售票机能发售单程票非接触式集成电路(IC)卡和其他类型车票,以及非接触式智能卡(CSC)。人工售票机具有车票分析能力。若需要收据时只要在键盘上按一个专用的键。

人工售票机被设计成能够单独工作。如果在登录之后,人工售票机与车站计算机的通信中断,人工售票机仍然能继续工作。参数表从车站计算机下载到人工售票机,并保存在人工售票机工作站硬盘参数表中。

人工售票机设备,由以下几部分组成:安装控制软件的工业计算机;为工作人员提供各种功能显示界面的操作显示器,用于控制 BOM 操作的键盘和鼠标;用于车票发售、公共交通卡加值的单据打印及班次报表打印的收据打印机;同时处理单程票、公共交通卡和手机卡的 CSC 读/写器;供乘客查看车票分析及现金信息的乘客显示器。

2. 检票机(gate)

检票机是实现乘客自助进站(entry)、出站(exit)检票交易(在非付费区和付费区之间通行)的设备,凡持有效车票的乘客,检票机通道阻挡解除(门扇开启或释放转杆),允许乘客进/出站。

检票机安装于车站付费区与非付费区的交界处,用于实现乘客的进、出站检票。

检票机根据功能可以划分为进站检票机、出站检票机和双向检票机三种类型。

检票机根据阻挡装置的类型可以分为门式检票机(剪式门、旋转门)和三杆检票机两大类型。根据通道宽度可以分为普通通道(0.5 m)检票机和宽通道(0.9 m)检票机两种类型。

通常进/出检票机均为转杆检票机,在检票机的顶端安装了一个乘客显示屏,为乘客提供其车票相关信息。

进站检票机:进站检票机在收费区和非收费区之间形成屏障。进站检票机检查车票的允许进入的有效性,在进站检票机处,单程票及非接触式智能卡,都由乘客简单地在非接触式智能读卡盘 0~5 cm 处刷卡晃过,通过读卡盘发射的 RF 信号快速读和编码。

当票卡被读和识别有效,则票卡中下列格式重新编码:进入车站、日期和时间代码、车票可允许进站信息。

乘客显示屏对所有票卡显示“请进站”,并且三杆释放可旋转一次。

在三杆释放时,乘客有 60 秒时间允许通过转杆,检票机在审计寄存器上的进站计数加 1。

如果乘客没有在允许的时间周期内通过转杆,则转杆锁住。允许进站时间段参数可由车站计算机下载。

当测出是无效车票时,显示器显示“请至服务中心 # #”(# # =出错代码),转杆则不释放。

出站检票机:出站检票机在收费区和非收费区之间形成屏障。出站检票机检查车票的允许出站是否有效。

单程票插入车票进口槽或CSC卡在CSC读卡盘范围内刷卡,票卡信息被读和识别有效,则票卡中下列格式重新编码:车票被编码允许出站、出站的时间和日期在规定范围内、票卡没列入黑名单。

如果票卡有效,则转杆释放,乘客通过通道出收费区,乘客在转杆再锁定之前有60秒通过转杆。出站检票机在审计寄存器上的出站计数加1。

对于单程票IC卡,是退回还是被回收,视车票的有效性而定,在每台出站检票机内有两个车票回收盒,有效的单程票由出站检票机回收,纪念票在使用后不回收返还乘客。

所有车票在进站和出站处都由检票机进行检验和处理。进站检票机处理单程票之后还给乘客,进站检票机也处理智能卡。出站检票机处理单程票后回收,并进入车票回收盒,出站检票机也处理智能卡。当检票机处在不工作状态时,检票机保持转杆正反两个方向都锁定。只有当有效的车票被处理时,转杆锁定才被释放允许乘客通过。当检票机的主电源失电,转杆可以正反两个方向自由转动。

3. 自动售票机

自动售票机(Automatic Ticket Vending Machine,TVM)接受中华人民共和国发行的5角和1元硬币,5元、10元、20元和50元纸币,并且预留将来接受另外各种货币的能力。自动售票机可用硬币1元、纸币10元进行找零。自动售票机也能销售多种不同票价的单程票。每种单程票的票价对应于操作面板上指定的票价键。乘客既可以在操作界面上直接选择单程票的票价,也可以根据界面上各线路车站的查询找到自己目的地的票价。当投入硬(纸)币后,车票从可以互换的票盒中发售出,出站检票机是用可互换的票盒来装回收的车票。因此,单程票的循环使用:从自动售票机到出站检票机是由乘客进行,从出站检票机到自动售票机是由工作人员进行的。

4. 车站计算机

车站计算机(Station Computer,SC)的作用是收集来自检票机,人工售/补票机和自动售票机的每天交易信息,并把这些信息发送到中央计算机(Central Computer,CC),以便票务收益汇总和报表生成。车站计算机也称控制车站终端设备(Station Level Equipment,SLE)。车站计算机能监视每台设备是处于运转状态还是关闭状态,并负责把票价表、黑名单以及控制参数下载到车站的每台设备上。

车站计算机通信软件,最多每 2 秒对每台车站设备进行一次访问。如果在 60 秒内访问不到车站终端设备或者通信不正常,则车站终端设备与车站计算机的通信被当作中断。每 15 分钟,车站计算机要求车站设备提供其寄存器中的内容数据。车票销售数据上传到车站计算机 SC。在车站计算机的硬盘内,车站计算机的数据至少要保存七天。

7.2.2 人工售票机操作要求

1. 人工售票机基本操作要求

(1)人工售票机(BOM)操作界面

典型的 BOM 屏幕布置如图 7-2 所示。

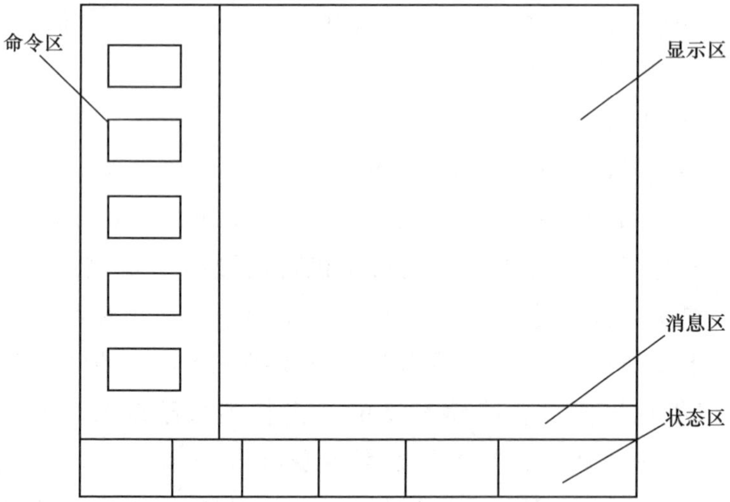

图 7-2 典型的 BOM 屏幕布置

(2)基本操作方式(鼠标或键盘)

有两种不同方法可在 BOM 的屏幕上选择项目。一种方法是通过用鼠标把屏幕上的指针放在所指定的项目上，然后按下鼠标左键选定。

另一种方法是通过键盘上的“热键”来选择项目。“热键”只有当屏幕上的菜单内容被注明时才可用。例如从菜单栏中选择注销(Logoff)，可以用鼠标指到注销(Logoff)然后按左键方式或者按 F12 键。数据段之间的移动适用 TAB 键，菜单中上下移动使用↑和↓箭头键。

2. 操作员的授权级别

根据授权的级别，BOM 操作员只能局限于所规定的功能范围内工作，当操作员登录时，授权级别识别码用来区分操作员的访问级别，见表 7-2。操作员的类型有：票务、维修、管理。

表 7-2　操作员类型访问级别

操作员类型	票务	维修
Revenue(票务)	√	
Maintenance(维修)		√
Supervisor(管理)	√	√

3. 售票机发售操作要求

(1)准备作业

①售票员到车站值班站长处报到，至编码室领取备用金、零钱(硬币)，领取票卡，做好领用记录。

②领取售票亭钥匙和人工售票机钥匙。(早班向车站站长领取，中班向交班人领取)

③按操作规程，开启设备。

(2)基本作业

人工售票机登录：

步骤 1　只要操作员没有对 BOM 进行登录操作，登录屏幕就等待，实例如图 7-3 所示。

步骤 2　输入操作员工号(6 位)和操作员密码(6 位)，然后按确认或回车(Enter)键，登录成功时，直接进入“BOM 出售显示屏”(图 7-4)。如果操作员工号及密码不对，屏幕下方将显示“登录失败”，这时需按取消按钮，并重新登录。

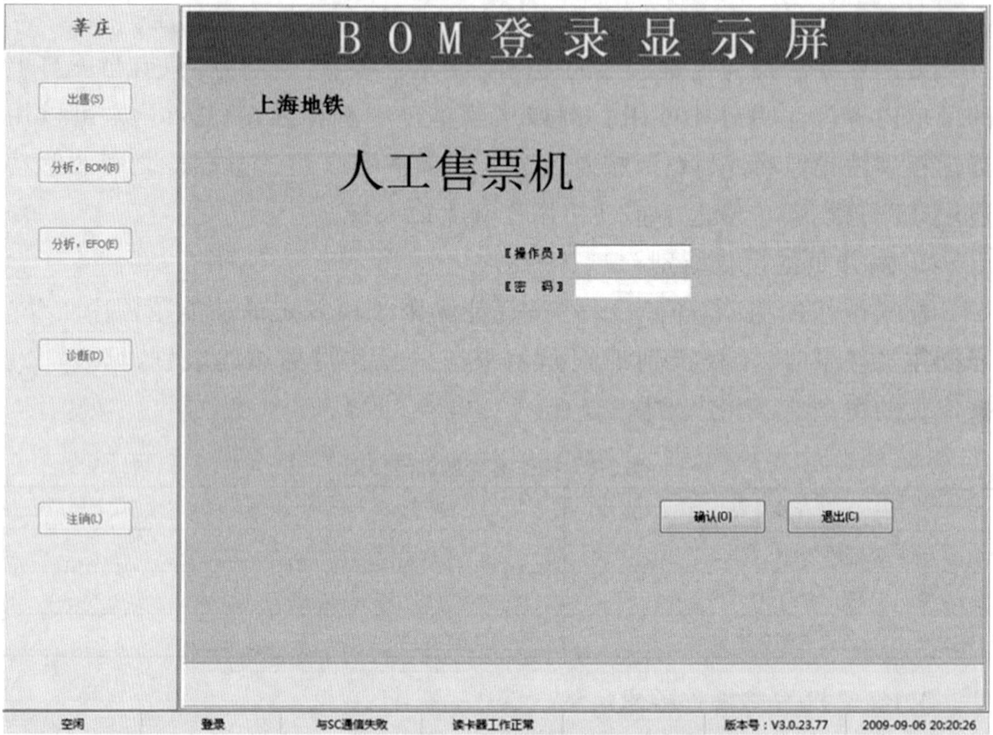

图 7-3 BOM 登录的显示屏幕

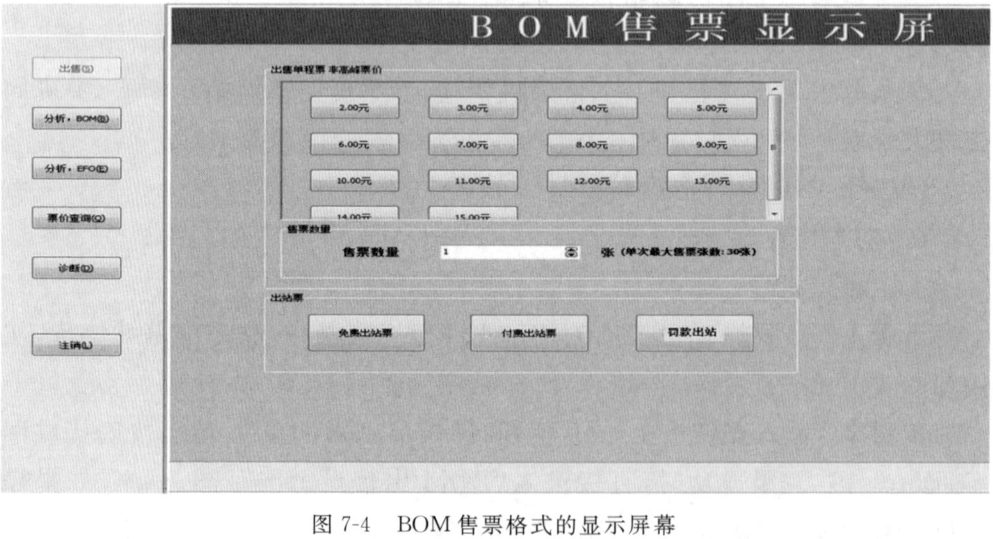

图 7-4 BOM 售票格式的显示屏幕

(3)票卡发售/分析

①单程票发售

进入 BOM 售票功能采用下面的方法：

步骤 1　在登录之后，BOM 售票格式作为缺省值显示在屏幕上。

步骤 2　出售单程票(Issue Single Journey Ticket)栏中有 4 种可供选择的票价，视每个车站而定，以出售 3 元单程票为例，从屏幕上点击“3 元”按钮，出售单程票的屏幕将显示出来，实例如图 7-5 所示。

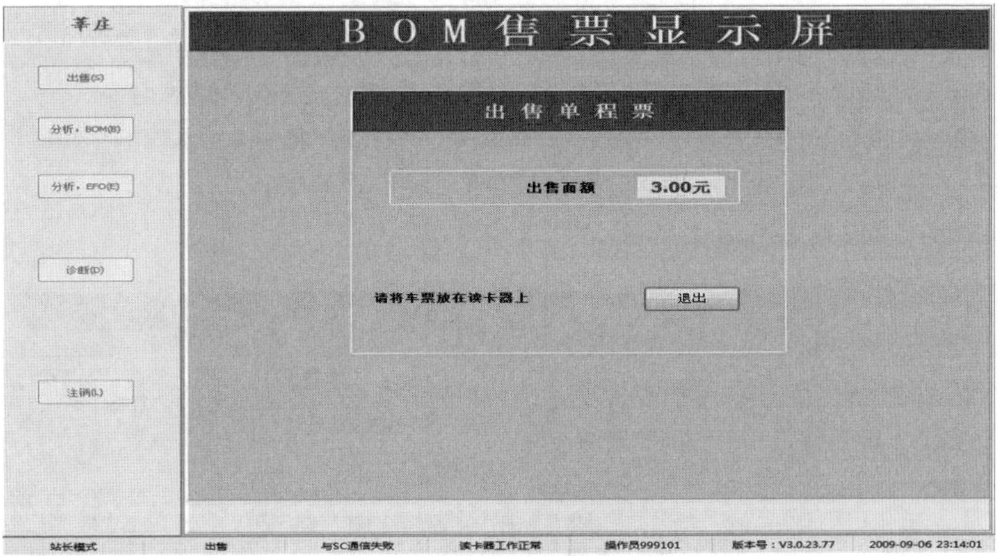

图 7-5　出售单程票的显示屏幕

步骤 3　把空白的单程票放在读写器上，在屏幕上将显示出新的车票值，实例如图 7-6 所示。

步骤 4　将单程票从读写器上取走。

步骤 5　在售票格式(Issue Form)屏幕上选择退出(Exit)开关，显示屏幕返回到 BOM 售票格式(BOM Issue Form)的屏幕显示，参阅图 7-5。

出售 4 元、5 元、6 元单程票步骤同上。

②公共交通卡加值

对公共交通卡加值，采用下面的方法。

步骤 1　在 BOM 分析格式屏幕上，将交通卡放在读卡器上，并且能选

图 7-6　单程票加值成功的显示屏幕

择"加值"开关,如图 7-7 所示。

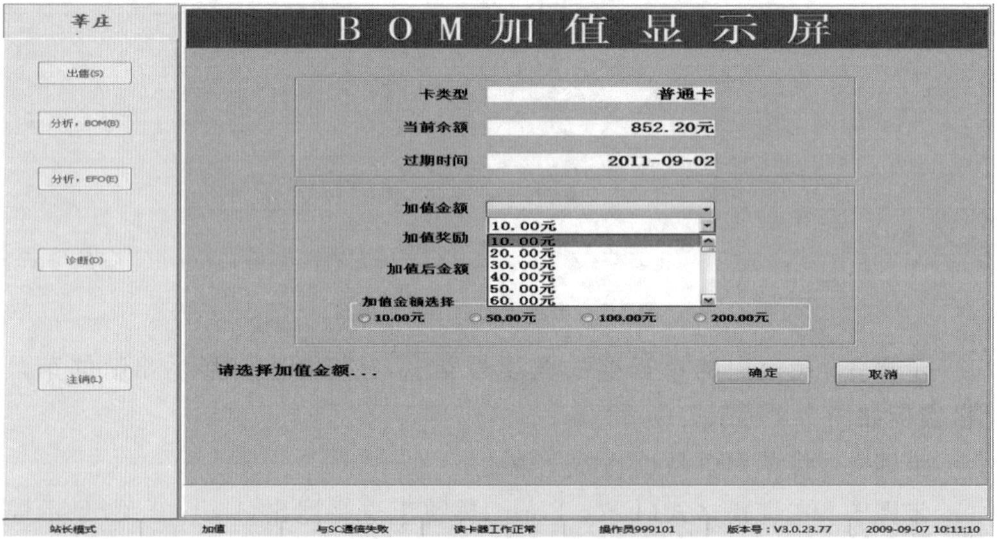

图 7-7　加值选择的显示屏幕

步骤 2　经 BOM 分析后,请乘客确认现有交通卡余额

步骤 3　在 BOM 分析格式屏幕上,选择"加值"开关,加值格式屏幕显示出来,实例如图 7-8 所示。

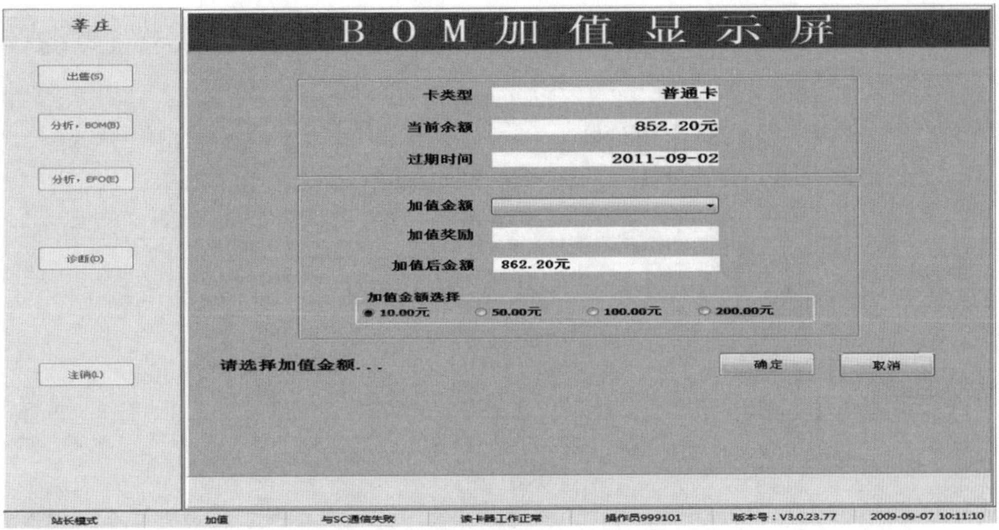

图7-8　选择加值金额的显示屏幕

步骤4　选择所要加到公共交通卡的值，一次最小为10元，卡内最高金额可达1 000元，参见图7-8选择加值金额的显示屏幕。

步骤5　选择好加值金额，点击“确认”键，交通卡的新的值显示在屏幕上，图7-9所示为加值完成后的显示屏幕。

步骤6　售票员请乘客当场确认总值无误后，选择“确认”键。加值工作完成。当加值完成后，新的值将出现在屏幕上，此时屏幕将回到BOM分析状态，见图7-7。

③单程票/公共交通卡分析

采用下面的方法，在BOM方式中分析单程票/公共交通卡：

步骤1　在BOM售票格式(BOM Issue Form)屏幕中选择“分析BOM”(F5)，BOM分析格式的屏幕显示将出现，实例如图7-10所示。

步骤2　把单程票插或公共交通卡接近读卡器，当BOM分析单程票/公共交通卡之后，才可选择适用于被分析的单程票/CSC卡的处理功能，功能的实例如图7-11所示。

④公共交通卡查询

步骤1　在BOM分析格式屏幕下，将公共交通卡放在读卡器上，则显示可选择“交通卡查询”的屏幕，如图7-12所示。

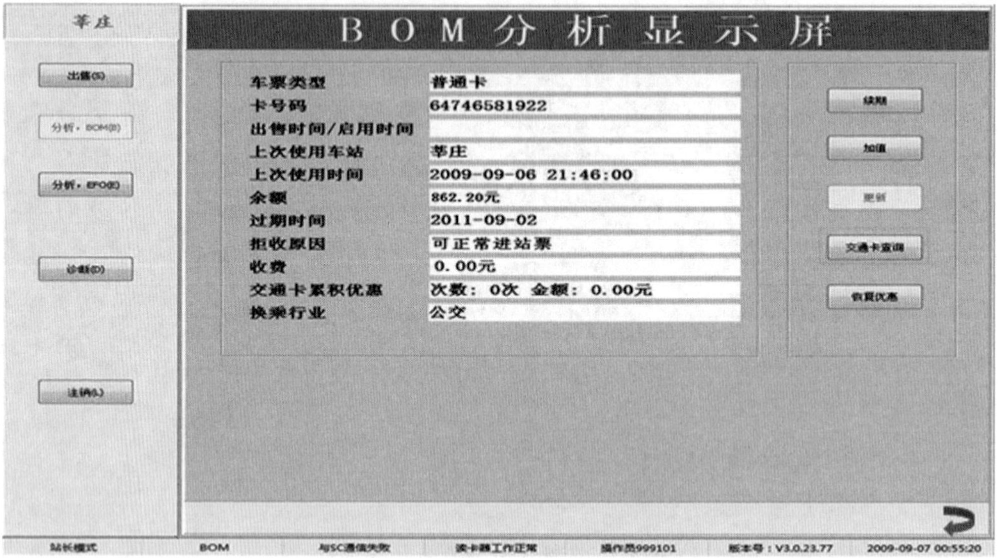

图 7-9　加值完成后的显示屏幕

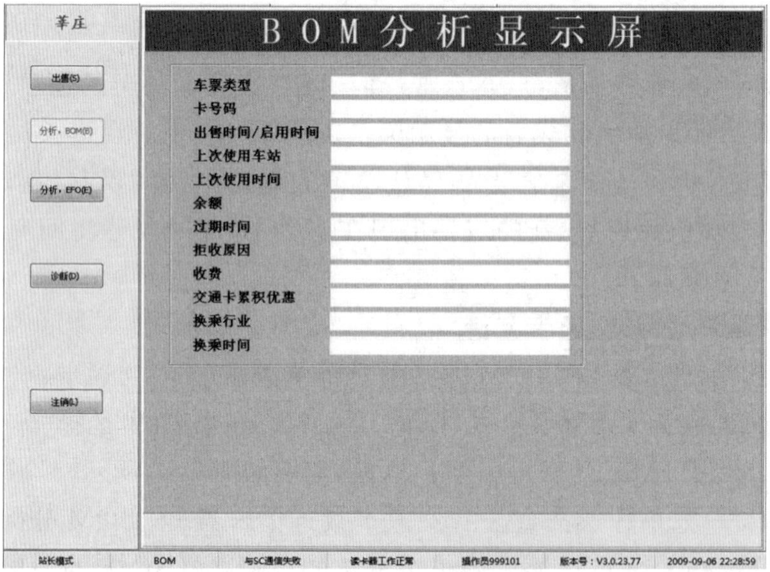

图 7-10　BOM 分析格式的显示屏幕

步骤 2　选择“交通卡查询”，可查询公共交通卡最新的十条记录。屏幕显示如图 7-13 所示。

步骤 3　查询完闭，选择“返回”键回到 BOM 分析屏幕，如图 7-7 所示。

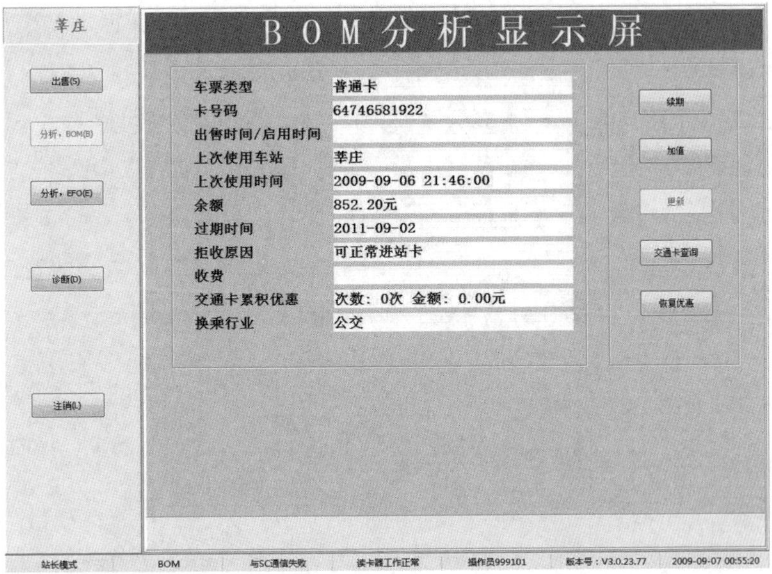

图7-11　BOM分析格式

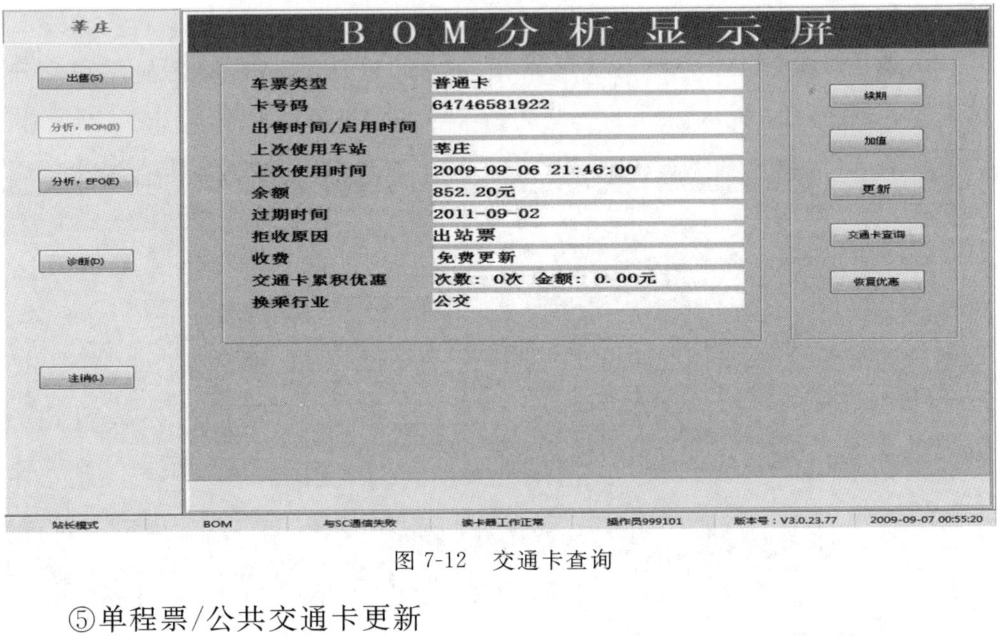

图7-12　交通卡查询

⑤单程票/公共交通卡更新

在BOM方式中有两种车票内容可更新使用：免费更新车票内容和扣费更新车票内容。更新车票内容，可使用下面方法：

步骤1　按BOM分析格式屏幕上分析车票，确定车票是需要对其内容

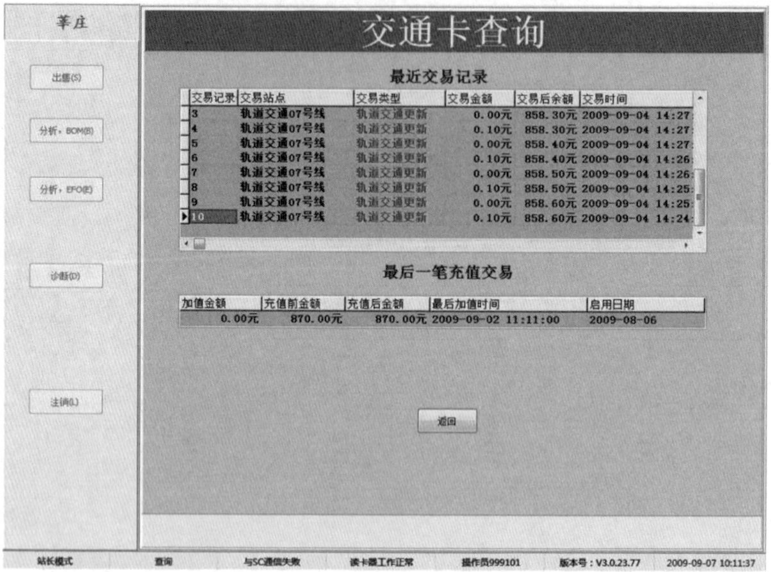

图 7-13　公共交通卡的查询屏幕

进行更新的,则更新按钮能被选择。

步骤 2　在 BOM 分析格式屏幕下,选择"更新"按钮,屏幕显示更新车票内容,如图 7-14 所示。

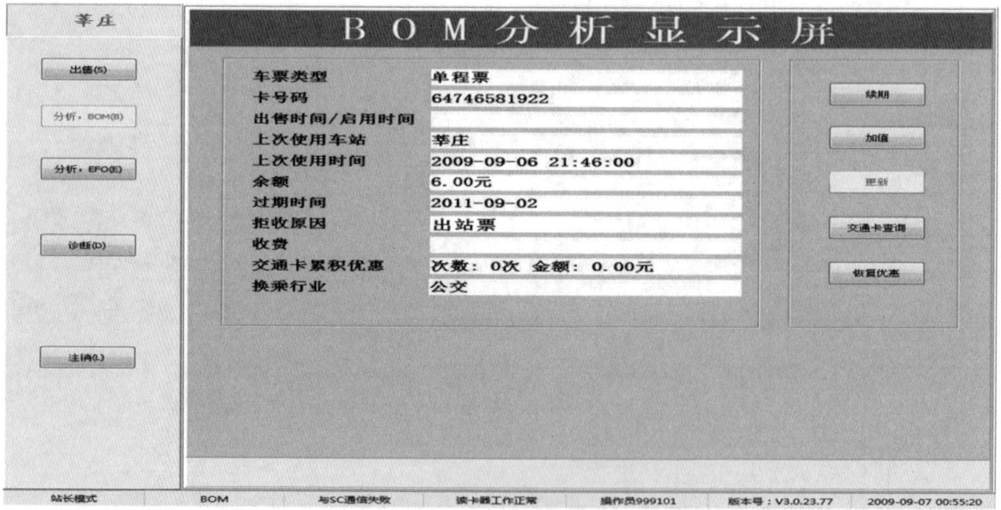

图 7-14　免费更新

如果单程票/公共交通卡过检票机,乘客未能进站,在规定时间内可在

BOM 分析状态下免费更新，当单程票、公共交通卡放在读卡器上时，它们将被立即更新。免费更新实例如图 7-15 所示。

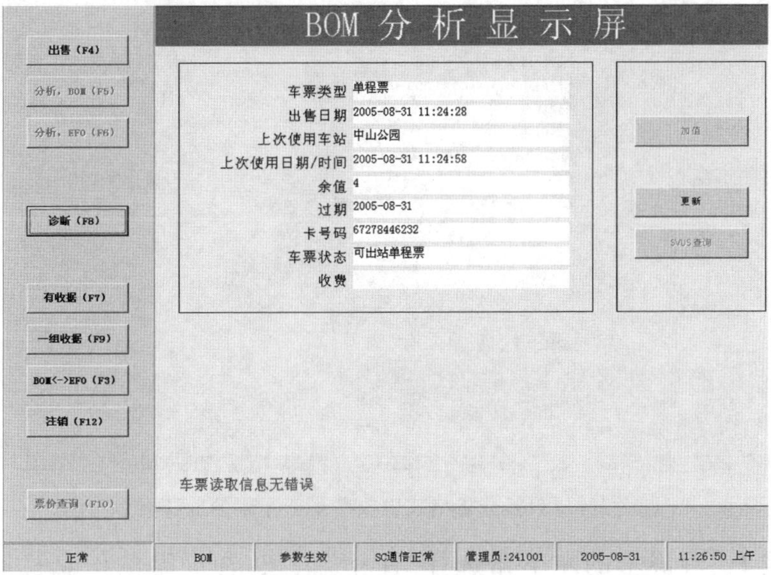

图 7-15　BOM 分析格式中免费更新车票的屏幕显示

如果更新车票内容需要收费（如公共交通卡超时），则收费款显示在屏幕上，操作员必须对收费款向乘客说明原因，再按“更新”键，如图 7-16 所示。

步骤 3　选择“确认”键，显示返回到 BOM 分析格式屏幕，如图 7-7 所示。

⑥收据

BOM 的收据打印机是单独的并紧挨着 BOM。在命令框架中按下收据按钮来激活打印收据的功能。

对每一次交易，操作员都可选择打印收据。通过切换命令框架中的“一组/单次收据”按钮来选择打印收据所需类型。当选择“一组收据”功能，则能产生出售多张车票的汇总收据。当选择“单次收据”功能，则每出售一张车票打印一张收据。

⑦退出

从 BOM/EFO 退出采用下面的方法：

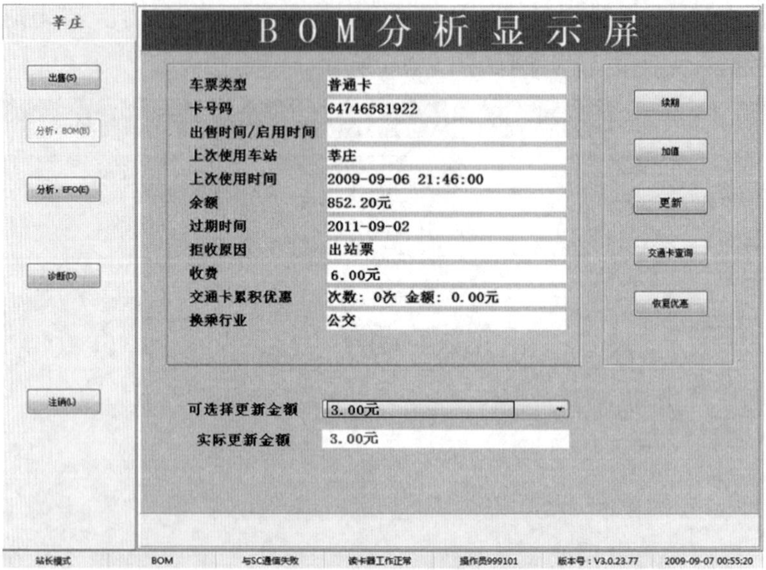

图 7-16　BOM 分析格式中收费更新车票的屏幕显示

步骤 1　在屏幕的左下角选择“注销”按钮，在屏幕的信息栏区域将显示一条信息要求确认退出。实例如图 7-17 所示。

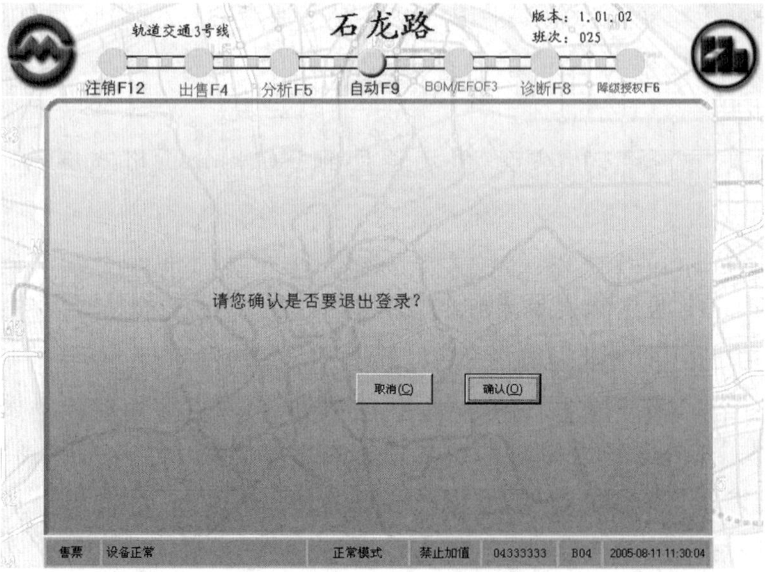

图 7-17　确认退出的显示屏幕

(4)整理作业

清点出售金额,备用金退回票款员(车站站长),当日票款交票款员,退回售余 CSC 卡,做好退回记录。并在轨道交通票务信息管理系统的相关栏目填写《售票员日营收结算单》(表 7-3)、《车站备用金收发柜存账》(表 7-4)。票款员(车站站长)清点票款金额与《售票员日营收结算单》《车站备用金收发柜存账》一致后,立即将现金锁入保险箱中,做好签收手续。

退回售票亭钥匙(早班退回接班人,中班退回车站站长)。

表 7-3　售票员日营收结算单

班别	线路	姓名	设备号	员工号	单程票			补票		应急票		事务单退款					故障交通卡退卡			合计D	公共交通卡金额				总计金额G
					售出数(张)	售出金额A	BOM废票数	补票数	金额B	售出数(张)	售出金额C	单程票	故障退票	IC卡押金	储值票	特种票	退卡张数	押金金额	卡内金额		卡类别	售出数(张)	押金E	加值得F	
小计																									
小计																									
合计																									

表 7-4　车站备用金收发柜存账

年-月-日	备用金	员工号	摘要	收入	领用	结存	签收	摘要选择	签名人 ID	操作

7.3　人工补票机操作要求

1. 人工补票机发售

在车站补票亭采用 EFO 方式,屏幕显示为"EFO 售票格式",使用下面方法:

步骤1　登录之后，BOM 售票格式显示在屏幕上,实例如图 7-18 所示。

步骤2　将屏幕左边的 BOM/EFO 按钮置到 EFO 方式。这时屏幕显示变成 EFO 出票格式的屏幕显示,实例如图 7-18 所示。

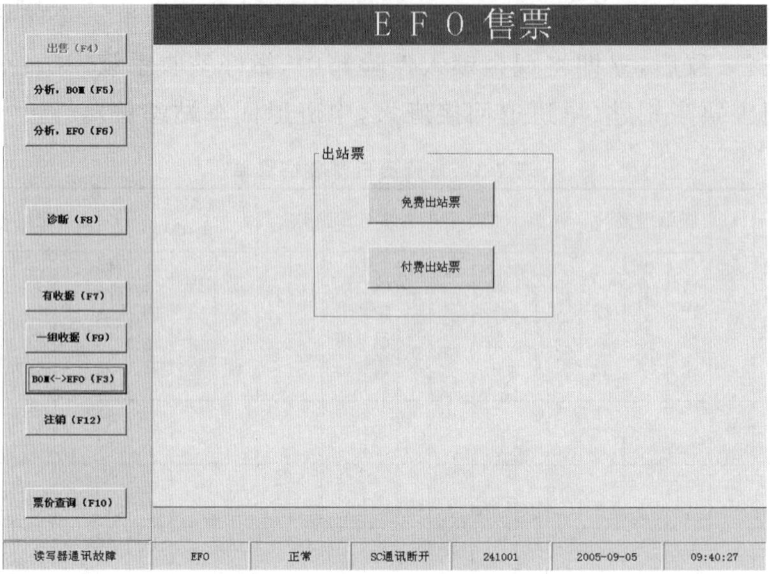

图 7-18　EFO 出票方式的屏幕显示

(1)发售免费出站票

用下面方法发售免费出站票:

步骤1　在 EFO 分析格式屏幕上(图 7-19),点击“出售”,选择“免费出站票”。发售免费出站票的屏幕显示出来。实例如图 7-20 所示。

步骤2　把空白的免费出站票放在读写器上。屏幕显示新的车票值。

步骤3　在车票分析屏幕上选择“退出”按钮,显示屏幕回到 EFO 分析格式屏幕显示,如图 7-21 所示。

(2)发售付费出站票

用下面方法发售付费的出站票:

步骤1　在 EFO 出票方式屏幕显示中(图 7-22),从“出站票”框中选择“付费出站票”方式。“出站票分析格式”屏幕显示出来。

步骤2　向乘客收取罚款。

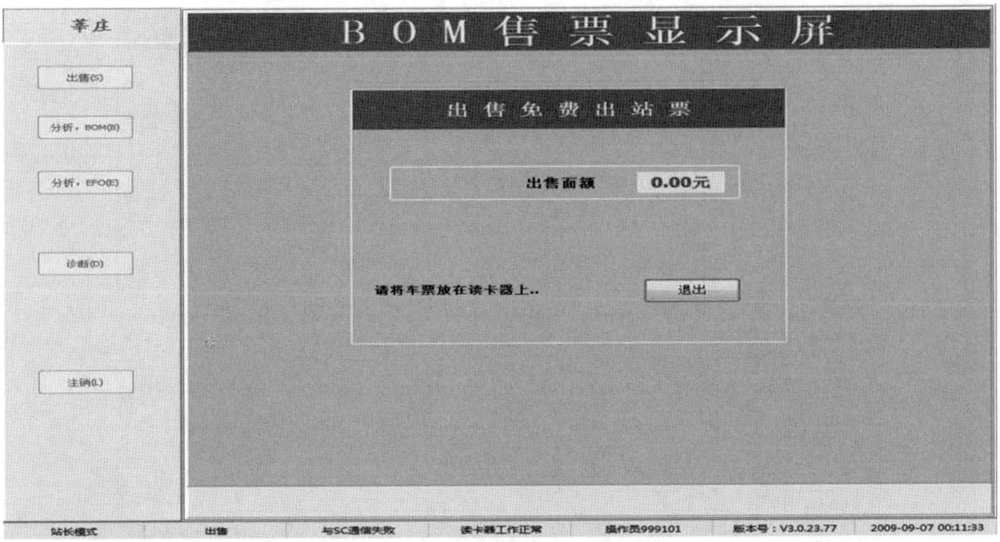

图 7-19　发售

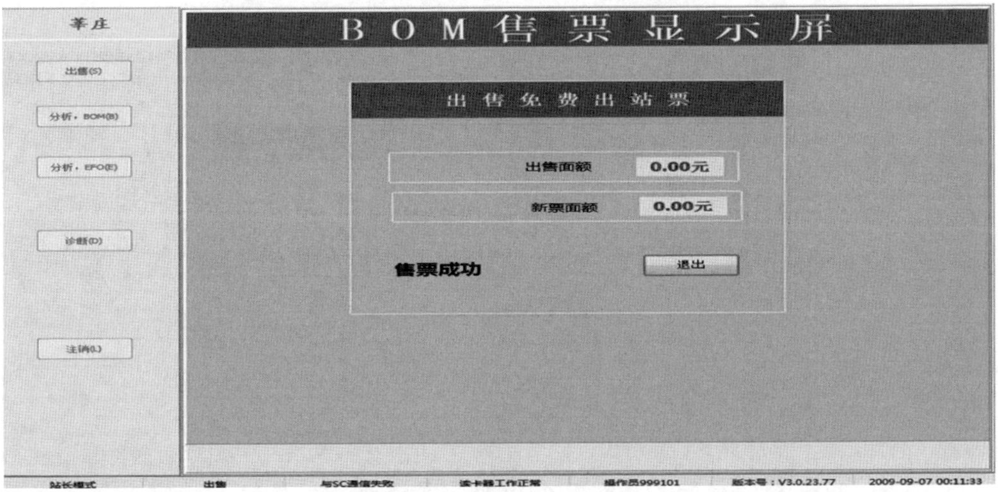

图 7-20　发售免费出站票格式

步骤 3　把空白付费出站票放在读写器上，屏幕显示新的车票值，实例如图 7-23 所示。

步骤 4　在车票分析格式屏幕上选择“退出”按钮，显示屏幕回到 EFO 分析格式屏幕显示，如图 7-24 所示。

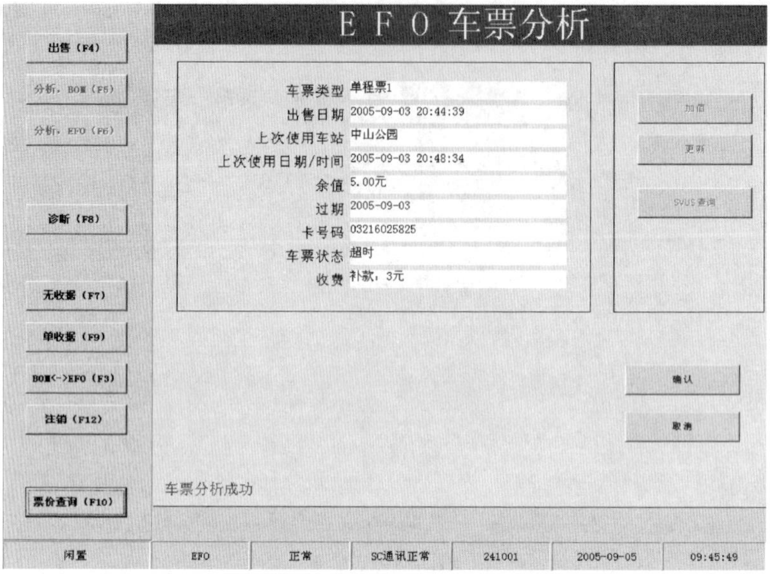

图 7-21 EFO 分析格式屏幕

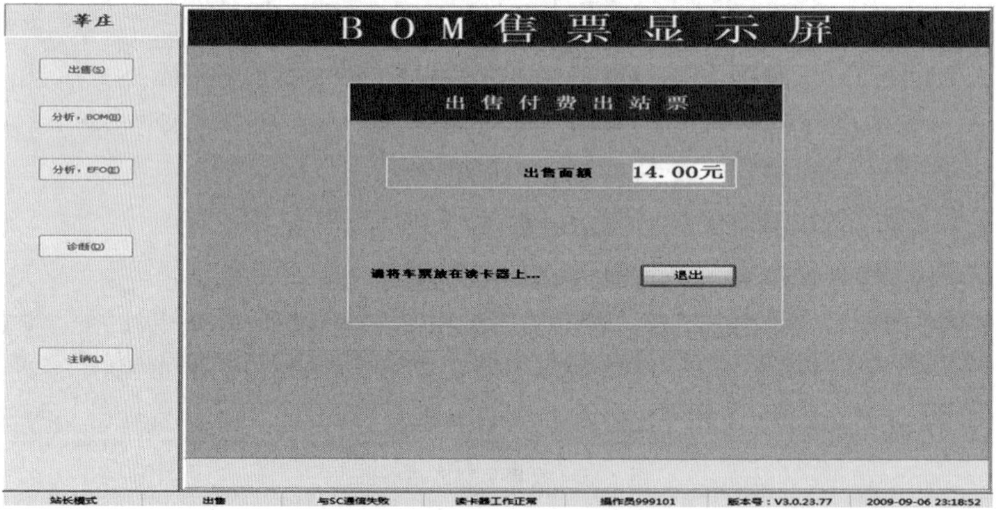

图 7-22 发售付费出站格式

2. 人工补票机车票分析

当车票被分析之后，根据车票的情况可选择下面的处理功能。

(1)出站更新、超时更新、超程更新

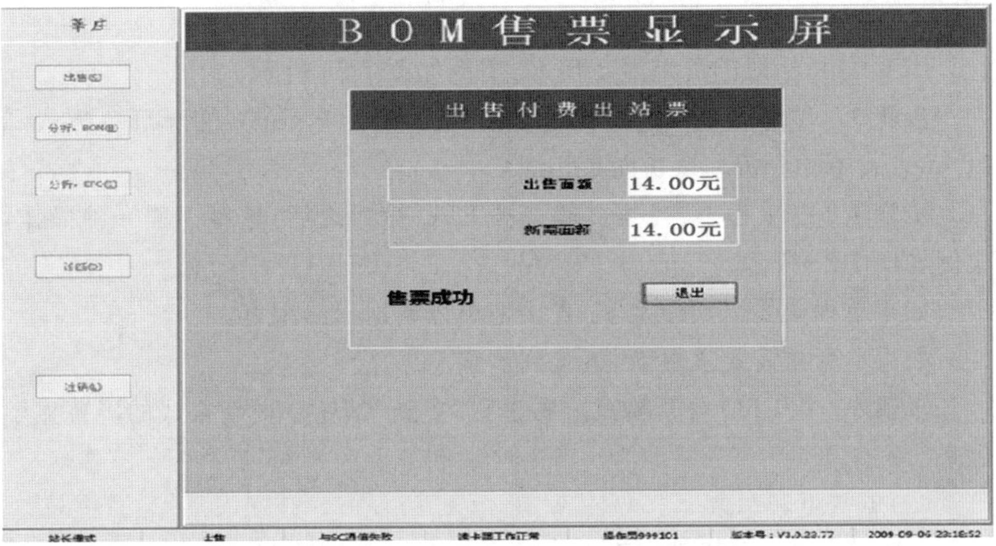

图7-23 发售付费出站车票格式

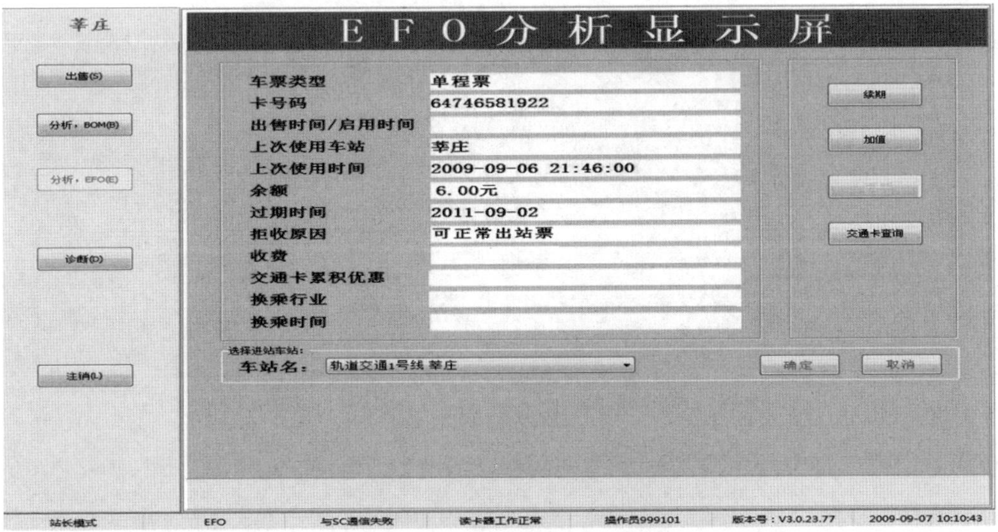

图7-24 EFO分析格式,选择动作的显示屏幕

在EFO方式中,采用下面方法分析一张车票。

步骤1 登录之后,BOM分析格式屏幕显示出来。

步骤2 通过下面的两种方法转到EFO方法:

在屏幕的左边选择BOM/EFO按钮(F3)转到EFO方式。

选择“分析 EFO”按钮。

EFO 分析格式的屏幕显示出来,实例如图 7-24 所示。

步骤 3 单程票或用公共交通卡接触读卡器,车票被分析,EFO 方式和 BOM 方式中的分析车票功能是相同的。

步骤 4 在单程票/公共交通卡被 EFO 分析之后,选择下面一种操作,实例如图 7-25 所示。

如果单程票要退回给乘客,直接把单程票退回给乘客。

如果单程票需要被更新,继续到步骤 5。

步骤 5 在 EFO 分析格式屏幕选择“更新”按钮。更新格式的屏幕显示出来。

(2)免费更新车票

步骤 1 如果车票可以更新,则在“选择进站车站”的下拉式菜单,选择乘客起点车站号码。屏幕显示如图 7-25 所示。

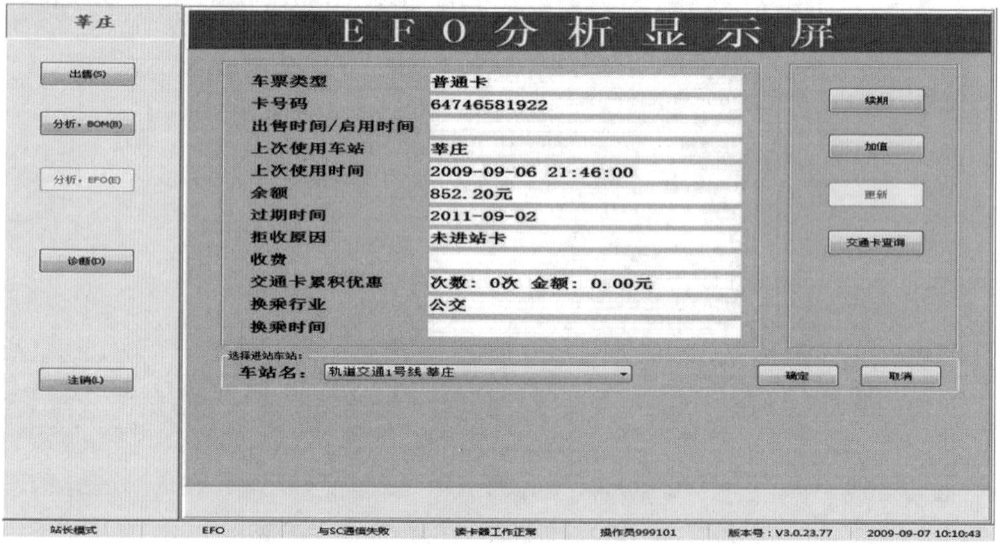

图 7-25 EFO 分析格式,输入车站名的显示屏幕

步骤 2 选择“确认”按钮,该磁卡被分析并决定是否补票。如果不需要补票,显示“无分析错误”。

步骤 3 取走磁卡,屏幕返回到 EFO 分析格式的显示屏幕。

(3)超时车票的更新

在系统中超时车票的更新,EFO 方式使用下面的方法:

步骤 1　对于超时的磁卡,EFO 分析格式,“超时更新”在“拒收原因栏”显示出来,如图 7-26 所示。

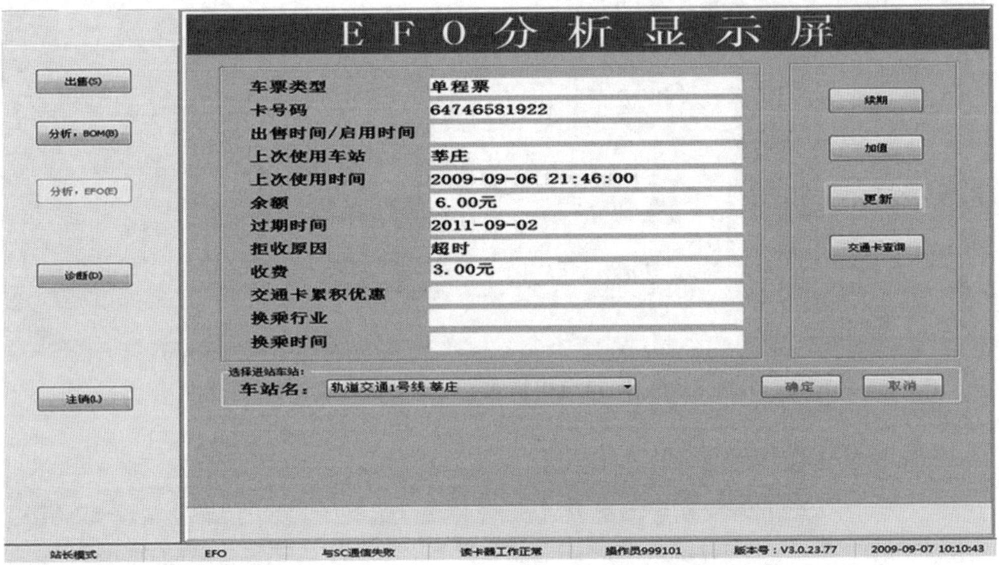

图 7-26　EFO 分析格式,超时更新的显示屏幕

步骤 2　向乘客收取超时罚款。

步骤 3　选择“更新”按钮,“无分析错误”屏幕显示出来,实例如图 7-27 所示。

(4)超程更新

步骤 1　车票在 EFO 分析格式屏幕下显示如图 7-28 所示。

步骤 2　向乘客收取现金。

步骤 3　选择“更新”按钮,“无分析错误”屏幕显示出来。

步骤 4　取走车票,屏幕返回到 EFO 分析格式的显示屏幕。

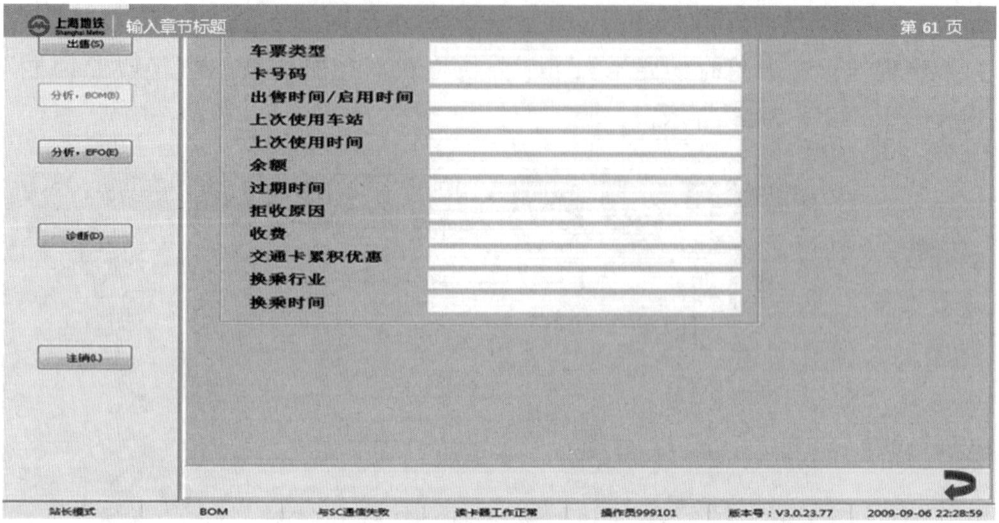

图 7-27　EFO 分析格式取走车票的显示屏幕

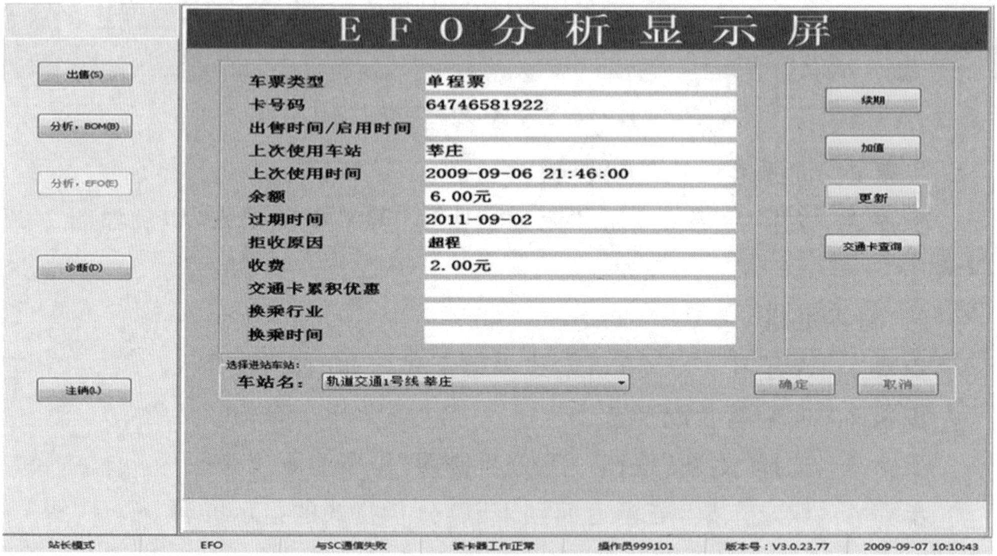

图 7-28　EFO 分析格式，超程更新的显示屏幕

7.4 自动售检票系统的原理及组成

7.4.1 自动售检票系统的多种运营模式

1. 正常运营模式

乘客购票后，持有效票通过进站检票机，乘坐城市轨道交通至目的地后仍使用该票通过出站检票机出站，检票机根据中央计算机设定的参数，对车票以计程方式扣费处理并对单程票进行回收，若发生超乘、超时或车票损坏时，由人工补票机(EFO)处理，补足票价或用 EFO 发出的出站票出站。

2. 列车故障时运营模式

当列车发生故障不能行驶时，部分车站可能处于停止运营状态，对于已购票进站的乘客和列车清客后的乘客，此时自动售检票系统由中央计算机或车站计算机设定为“列车故障”运营模式。此时，乘客可持票通过出站检票机出站，而车票中的金额不予扣除；对于持单程票的乘客，车票将不予回收返回乘客，该车票在今后的一段时间内(一般为 7 天)继续可以在系统中的任一车站使用，重新通过进站检票机进站；而对于不准备继续使用车票的乘客，可到人工售票处做退票处理。

3. 高峰/非高峰运营模式

通过中央计算机参数设定，可将每日的运营时间分为高峰时段和非高峰时段。在非高峰时段内，对各类车票的费用可实行扣费优惠，以争取客流，鼓励乘客在该时间段内乘车，也可以对非高峰时段的车票不实行车费优惠，高峰时段的车票实行拥堵收费的措施，来缓解高峰时段的乘客人数，保证列车运能的均衡性。

4. 因意外情况发生超时、超程时的运营模式

当某车站发生意外事件，列车不能正常停靠车站而只能继续驶向下一站或列车因故障超过规定的行驶时间时，通过中央计算机或车站计算机使某车站设定为“超时忽略”运营模式或“超程忽略”运营模式，允许乘客正常出站，对票价不足或超过规定乘车时间的乘客不作补票处理。

5. 大客流情况下的运营模式

大客流分为通勤大客流、季节性大客流和突发性大客流三种。

通勤大客流这类客流的出行特征(时间、方向、地点)呈现出规律性,即客流强度大、拥挤程度高,时间、区段、方向、车站已知。

季节性大客流这类客流有节日性、活动性的季节性特点,发生时间、地点可预见性,局部地点客流强度大。

突发性大客流因突发事件、设备故障,导致本线车站滞留的大客流或者临线车站滞留大客流,这类客流产生不可预见性、冲击性强。

大客流导致的后果:站台、站厅客流滞留、车站秩序紊乱、影响运营计划兑现、影响运营安全。

对于通勤大客流,车站需编制普通工作日行车运行计划,制定常规车站客运组织方案,调整设施设备布局、增设必备隔离及限流设施、调整人力资源安排,采取常规和固化限流措施(检票机限流、出入口单向通行/进出站绕行、站外限流、换乘通道限流)。辅以行车运力调整措施,疏散车站滞留客流。

对于季节性大客流,车站编制车站大客流处置预案,根据启动条件及时果断地采取大客流疏散。编制专项车站客运组织方案,根据客流特征对应调整车站客运组织方案,及时果断地采取具体限流措施。辅以行车运力调整措施,疏散车站滞留客流。

对于突发性大客流,车站编制车站大客流处置预案,根据启动条件及时果断地采取大客流疏散。及时果断地采取具体限流措施(闸机限流、出入口单向通行/进出站绕行、站外限流、换乘通道限流)。辅以行车故障调整措施,疏散车站滞留客流。

大客流情况下的运营模式针对季节性大客流和突发性大客流。当某站因戏剧、音乐、文艺等大型集会、运动场馆重大比赛等活动,有大量乘客在同一时段内集中进站,而进站检票机数量不足时,为了及时运送乘客,可发售预先准备好的“应急票”,同时乘客可持车票不通过进站检票机进站,此时中央计算机或车站计算机将其车站设置成“进站检查忽略”模式。允许持单程票的乘客通过出站检票机正常出站。

6. 紧急运营模式

当车站发生火灾、爆炸等危害乘客人身安全的情况时,为及时疏散收费区内的乘客,中央计算机或车站计算机将该车站设置成“紧急”运营模式。此时检票机的落杆式三杆落下或固定式三杆处于自由转动状态,门式检票机的剪式门打开,使乘客不用车票快速通过检票机撤离。

7.4.2 自动售检票设备简介

1. 进/出站检票机

进/出站检票机分门式与三杆式两种形式。

(1)基本参数

输入电源:220^{+22}_{-33} V,50 Hz±2 Hz;

外形尺寸应不大于:2 000 mm(长)×300 mm(宽)×1 100 mm(高);

公共交通卡交易处理速度:≤0.2 秒/张;

单程票交易处理速度:≤0.8 秒/张;

黑名单存储容量:≥20 000 条;

乘客通过能力:门式≥60 人/分钟、三杆≥35 人/分钟;

与车站计算机的通信接口:以太网接口。

(2)工作条件

电源输入:220^{+22}_{-33} V,50 Hz±5 Hz;

环境温度:−10 ℃～45 ℃;

环境湿度:10%～95%(不结露)。

(3)组成结构

进站检票机由以下部分(模块)组成:乘客显示器、方向指示器、警示灯及蜂鸣器、外置式读写器及天线、通道阻挡装置;门式检票机采用剪式扇门,三杆式检票机采用具有失电落杆功能的三杆装置、乘客通行传感器(适应门式检票机)。

(4)外观与结构应符合以下要求:

①用不锈钢材料,外形应平整,表面光滑,不得有碰伤、划伤。

②尺寸不应大于 2 000 mm(长)×300 mm(宽)×1 100 mm(高)。按用

户要求可采用较薄的检票机,以利于在有限的空间安装更多的检票机。

③普通检票机的通道净空不应小于500 mm。

(5)回收票箱

①检票机回收模块的进票口应设置醒目的彩色标志插入需回收的车票。在进票口不允许同时插入两张及以上的车票。

②进票口接收车票后,在车票回收或推出前,检票机将不能处理其他车票。

③出站检票机内应设2个票箱,可根据回收策略,通过系统参数设置,将回收的多种车票送入票箱1或票箱2;在回收单种车票时,做到票箱1满后自动转换到票箱2。

④票箱的物理尺寸及技术要求应与自动售票机内用于发售车票的票箱相同,以保证票箱从出站检票机取出后可直接安装在自动售票机上进行车票发售。票箱容量:≥2个×750张。

(6)功能要求

自动进站检票机应具有以下基本要求:

①能满足乘客右手持票快速通行的需求。

②能对乘客持有的储值卡及轨道交通专用的IC单程票进行检查。

③具有黑名单处理功能,对于有效的车票应开启通道阻挡装置让乘客通过。

④对储值卡和单程票均采用"照进"方式。

⑤乘客使用储值卡或IC单程票进站检票时将车票靠近进站检票机读写器天线,检票有效时,开启通道阻挡装置(扇门开启或三杆装置转动),乘客显示器提示相关信息告知乘客进站,检票机在卡内写入进站交易记录且保存卡的交易记录于检票机存储介质。

2. 自动售票机

(1)基本参数

输入电源:220^{+22}_{-33} V,50 Hz±2 Hz;

外形尺寸应不大于:950 mm(宽)×850 mm(深)×1 800 mm(高);

车票处理速度:≤1秒/张(从票盒至出票口);

使用单个硬币的发售速度：≤3 秒/张；使用单张纸币的发售速度：≤6 秒/张；

硬币检测准确率：≥99.9%；纸币检测准确率：≥99.99%；

纸币识别速度：<2 秒/张；纸币器接受纸币种类：4 方向，13 种；

纸币器具有纸币暂存功能，纸币暂存箱的容量为 15 张；

纸币箱容量：≥1 000 张；硬币钱箱容量：≥2 000 枚；硬币找零箱：≥2×1 000 枚；

车票存储容量：≥2×750 张；废票箱容量：≥50 张。

(2)工作条件

电源输入范围：220^{+22}_{-33} V，50 Hz±5 Hz；

环境温度：−10 ℃～45 ℃；

环境湿度：10%～85%。

(3)功能要求

接受车站计算机系统下发信息；

向车站计算机系统上传原始交易数据和设备状态信息；

具有引导乘客购票的相关操作说明和提示；

配备触摸屏、乘客显示器及运行状态显示器，用于显示轨道交通线路、票价、投入钱币金额及设备运行状态等信息；

接受硬币、纸币及储值票等付费方式；

具有纸币暂存及先找纸币后找硬币功能；

具有硬币和纸币找零功能，并显示找零信息；

具有与时钟服务器同步时钟的功能。

3. 自动加值验票机

自动加值验票机设置在车站非付费区内，接受纸币对公共交通卡进行加值和查验。它主要包括主控单元、触摸屏、乘客显示器、IC 车票读写器及天线、纸币处理单元、微型打印机、维护面板/移动维护终端接口及电源模块(含 UPS 或电池)部件。

(1)基本参数

输入电源：220^{+22}_{-33} V，50 Hz±2 Hz；

外形尺寸应不大于:950 mm(宽)×650 mm(深)×1 800 mm(高);

使用单张纸币的加值速度:≤6 秒/张;

纸币检测准确率:≥99.99%;纸币识别速度:<2 秒/张;纸币接受种类:13 种(4 方向);纸币钱箱容量:≥1 000 张。

(2)工作条件

电源输入范围:220^{+22}_{-33} V,50 Hz±5 Hz;环境温度:−10 ℃~45 ℃;环境湿度:10%~85%。

(3)组成结构

全配型加值验票机应由以下部分(模块)组成:

主控单元(工业级计算机)、乘客显示器、触摸屏、IC 车票读写器及天线、纸币处理单元。

(4)功能要求

接受车站计算机系统下发的轨道交通网络图、系统运行参数和加值权限、运行模式及黑名单等信息。

向车站计算机系统上传原始交易数据和设备状态信息。

具有引导乘客操作的相关说明和提示,可查询轨道交通网络。

配备触摸屏、乘客显示器,显示车票内加值信息、投入钱币金额及设备运行状态。

接受纸币加值,但不设找零功能。

具有交易数据和设备状态信息打印功能。

具有对各种票卡的验票功能。对各种车票进行有效性核查,显示车票内信息,对越站、超时及无效票除有显示外,还具有声音提示。

4. 人工售/补票机(BOM/EFO)

人工售票机应部署于非付费区,为乘客提供车票分析、发售/赋值、加值、更新、退款、查询等功能。为加快售卡速度,人工售票机可选装票卡发送单元。

人工补票机用于付费区内服务,对乘客提供的无效票进行分析和处理,如超乘、超时、无票等,提供车票分析、发售出站票、替换、更新、加值等功能。人工补票机不需安装票卡发送单元。人工售票机可以同时为非付费区与付费区服务，兼顾售票及补票功能，使用同一车票处理设备，但对两个区域分别设置单独的乘客显示器，在处理不同区域乘客时需进行切换。

(1)工作条件

电源输入范围：220^{+22}_{-33} V，50 Hz±4 Hz；环境温度：-10 ℃～45 ℃；环境湿度：10%～85%。

(2)组成结构

人工售/补票机应由以下部分(模块)组成：

乘客显示器、操作显示器、票卡发送装置(含票卡发送读写器)、读写器与天线、键盘、鼠标、车票、机身。

票卡发送装置应包括：车票读写器/天线、刮卡机构、票卡传送机构、传感器、票筒；控制单元负责控制刮卡机构、票卡传送机构等，以实现票卡的送出、废票回收及票筒是否为空的判断等操作。

①票筒容量：不小于750张。

②票筒自重：不超过1 kg。

③半自动售票机的票筒与检票机的回收票筒通用。

(3)功能要求

接受车站计算机系统下发的信息。

向车站计算机系统上传原始交易数据和设备状态信息。

为乘客提供车票分析和处理、发售/赋值、加值、更新、退票及查询等服务。

在中途拔卡、授权中断、中途断电、降级运营模式和恢复正常运营模式等各种断点情况后，应能正确处理票卡。

根据人工售/补票机安装位置的不同，应可设置不同的操作模式，如售票模式和补票模式。

(4)车票处理

对于储值票，票务处理拟收取的固定费用将直接从储值票内存款中扣除，不收取现金，由车票处理单元来完成。对于单程票，票务处理时则需要收取现金，由现金处理单元来完成。人工售/补票机可接受硬币和纸币的付费方式。具备以下几种操作模式：

①对所有在收费区内、无进站信息,无法正常出站的车票,进行进站更新,以不收费方式在车票内补写进站信息。

②对所有在收费区内、车票余值不足,无法正常出站的单程票车票,进行超程更新、补足差额,在车票内写入更新标志。

③对所有在收费区内停留时间超过限制,无法正常出站的所有车票,根据参数表收取固定费用,在车票内写入超时更新标志。

④在收费区内、无正常乘车凭证,需办理付费或免费出站票的乘客,无票乘客需根据参数表收取固定费用、购买付费出站票;或无法读出车票信息时,可以视情况发售免费出站票;本项功能须通过半半自动售/补票机人工完成。

⑤储值票等可以多次使用的车票在非收费区内、无出站信息,无法正常进站时,需根据参数表收取固定费用、办理出站更新,在车票内写入更新信息。

7.4.3 自动售票机操作

1. 自动售票机的操作(以上海地铁一号线设备为例)

(1)操作员进入自动售票机

操作员要接触到自动售票机的内部,则采用下列步骤:

步骤1 使用安全钥匙,打开自动售票机背后的检修门的锁。

步骤2 将锁的手柄挤进,直到锁杆从锁的凹槽中完全退出。

步骤3 将门打开。

步骤4 在维护面板上键入03,使自动售票机置于退出运营状态。

(2)票盒的替换

车票从可容纳750张票的票盒中刮出,票盒是由重量轻(小于5 kg)、坚硬的、耐用的塑料制成。车票的高度由感应器监视。当票盒空时自动售票机自动退出运营,并且在车站计算机可听到报警声,下列步骤可以替换车票供票盒:

步骤1 打开自动售票机检修门。

步骤2 将支撑车票传送机构,位于支架左上部的金属杆推上去,将车票传送机构从它的滑槽机构拉出。

步骤 3　将位于票盒右下角的锁销拉出，取下空票盒。

步骤 4　将装有单程票的票盒安装上。

步骤 5　将车票传送机构沿滑槽推回自动售票机，直到锁销到位。

步骤 6　在维护面板上输入 01，然后按回车键，将自动售票机置于运营状态。

步骤 7　关闭并锁上自动售票机外壳，确定自动售票机返回服务状态。

(3)废票箱的取出

在车票编码过程中，车票从票盒中被刮出并送到传送机构，经读写器天线车票第一次被读取信息并被确认是一张单程票，如不是则将被转送到废票箱。如车票损坏，也会被直接送到废票箱。

步骤 1　打开自动售票机检修门。

步骤 2　取出废票箱，换上一个空的废票箱，将自动售票机置于运营状态。

步骤 3　在维护面板上输入 01，然后按回车键，将自动售票机置于运营状态。

步骤 4　关闭并锁上自动售票机外壳，确定自动售票机返回服务状态。

(4)现金盒的取出和替换

按照下列步骤可取出和替换现金盒：

①取出：

步骤 1　打开自动售票机的检修门。

步骤 2　在门的内部维护面板上，键入 88××××××(操作员 ID 已预留 88)，并按回车键。

步骤 3　输入个人 ID，并按回车键。

步骤 4　打开现金保管座的锁，并开门。注意：现金保管座的门必须在 15 秒内打开或代码输入，超时中断则需重新输入。

步骤 5　将现金盒滑板手柄拉出，拉过现金盒顶盖。

步骤 6　将滑板手柄推去完全盖住现金盒顶盖。

步骤 7　将手柄向左转动 1/4 圈，并保持其位。

步骤 8 将现金盒滑出保管座,并完全脱离保管座。

步骤 9 放掉手柄的压力,将其转回原位。

步骤 10 将手柄完全位出,让其转动并停止在垂直位置。

②按照下列步骤可打开现金盒顶盖:

步骤 1 使用安全钥匙,打开现金盒的锁。

步骤 2 提出现金盒顶盖到完全垂直的位置,顶部硬币滑板将自动缩回。

步骤 3 取出硬币,关闭顶盖。

③按照下列步骤可安装一个新的现金盒:

步骤 1 确保新的现金盒打开着的顶盖正确设置。顶盖上的硬币滑板完全缩回以便硬币可落入现金盒内。

步骤 2 将现金盒滑板手柄抬起,并保持顶住现金保管座体的上边。

步骤 3 保持手柄在旁边,将现金盒顶盖滑进上部轨道并全部推进保管座。

步骤 4 将手柄放下并顺时针方向转 1/4。

步骤 5 将手柄向右转到原位。

步骤 6 关闭和锁住保管座的门。

步骤 7 在维护面板上输入 9 并后面紧接输入 7 位新的现金盒 ID(9××××××),然后按回车键。

步骤 8 在维护面板上输入 01,并按回车键,将自动售票机置于运营状态。

步骤 9 关闭并锁上自动售票机外壳,确认 TVM 回到服务状态。

④退出服务状态

所有的单程票在通过车票编码过程时均被监视,如果测出车票阻塞,则自动售票机退出服务,暂收的硬币退还,在车站计算机出现相应的信息和报警声。当出现如车票阻塞、供票盒空、废票箱满、现金箱满等情况时,在车站计算机均会有报警声和信息提示。

2. 自动售检票系统运营报表

轨道交通票务工作纷繁复杂,每天都需要对当天的票证、票款、票卡的收支情况进行统计，并填写相应的台账报表。票务报表是记录车站现金交接、收益汇总、车票交接、车票发售、站存的原始台账，也是作为结算部门对站务员进行收益结算的原始依据，在车站票务工作中起着非常重要的作用。

随着轨道交通管理工作的发展，办公自动化与无纸化逐渐成为常态。票务报表也逐渐向平台化、无纸化方向发展。如今，轨道交通的票务报表逐步采取票务管理信息系统进行填记。票务管理信息系统是依托 AFC 系统，通过完全电子化的车站票务信息管理实现车站用户管理、票款营收管理、票卡周转管理、发票管理和交接备注管理，以及银行资金账管理、日常对账管理的系统。

(1)报表的种类

由售票员或值班站长(票款员)填写的主要相关报表有:《售票员日营收结算单》《TVM 日营收结算单》《单程票(应急票)储耗日报表》《票卡收发柜存账》《编码室票卡、物品收发台账》《售票员票款、卡差异明细》和《乘客事务处理单》等。下面就几种主要报表的内容及功能进行简介。

①《售票员日营收结算单》

《售票员日营收结算单》是售票员在结算过程中最常用的报表。当值班站长给售票员配发车票、票据、备用金或追加车票、备用金，票款员预收款或与售票员结账时，需要填写《售票员日营收结算单》，以便记录售票员售票的现金变动情况，从而核算售票员实际票款收入。售票员结算单主要包括售票员和票款员班次、设备号(gate、BOM 及 TVM)、配备备用金金额以及各类车票配出张数、回收张数、发售张数、实收金额等内容。售票过程中出现的一些异常现象可在备注栏说明。

②《TVM 日营收结算单》

《TVM 日营收结算单》由票款员每日用于记录 TVM 机钱箱收益，每天所有 TVM 机钱箱实点金额扣除车站补币金额就是车站当日 TVM 机票款收益。需要填写的内容主要有:自动售票机编号、钱箱号码、机器金额、实点金额、差额、清点人员等。

③《乘客事务处理单》

《乘客事务处理单》一般用于车站发生 TVM 机少找零、卡币、卡票、发售无效票等特殊情况，需在人工售票机上进行相关乘客事务处理时填写，用于记录售票员进行的有关乘客事务处理情况，与售票员结算单一起构成售票员收益结算的依据。《乘客事务处理单》包括售票员班次、具体时间详情、处理结果、涉及金额等内容，分为现金事务栏和非现金事务栏。现金事务栏主要是发生 TVM 机少找零、卡币、卡票、发售无效票等乘客事务时，售票员需在 BOM 机上进行涉及现金的操作，如不收取乘客现金，但在 BOM 机上为乘客发一定面额的车票或退还一定金额的现金时填写；非现金事务栏则主要是在进行不涉及现金的操作时填写。

(2)报表的填记

票务管理信息系统中报表的填写需要严格执行相关收益安全管理规定，避免因填写不规范而对票务收益安全造成影响。车站报表主要分车票管理和现金管理两类。

票务报表的填写必须真实、准确、完整、及时，即票务报表的填写必须如实反映票务情况，不得捏造事实，弄虚作假，必须按票务报表所列事项填写，确保所填数据真实可靠，并且必须在规定期限内填写完毕，不得无故拖延。

因票务报表是作为车站现金交接、收益汇总、车票交接、发售与站存的原始台账，即站务员收益计算的原始依据，一经相关当事人填写完毕，签名确认后不得更改。

票务报表需在一定期限内留存，以备结算部门、审计部门提取相关数据。不同的企业对具体的保管期限有不同的要求，一般是按照统计范畴的规定执行，保管期限满后，由所属部门统一注销、销毁，严禁私自将报表注销、销毁，以防泄露商业机密。

第 8 章　车站客运设施设备

8.1　车站客运实施设备简介

8.1.1　照明设备简介

照明系统按种类分:正常照明、应急照明、值班照明、警卫照明和障碍照明。其中应急照明包括备用照明、安全照明和疏散照明。其适用原则应符合下列规定:

(1)当正常照明因故障熄灭后,对需要确保正常工作或活动继续进行的场所,应装设备用照明。

(2)当正常照明因故障熄灭后,对需要确保处于危险之中的人员安全的场所,应装设安全照明。

(3)当正常照明因故障熄灭后,对需要确保人员安全疏散的出口和通道,应装设疏散照明。

(4)值班照明宜利用正常照明中能单独控制的一部分或利用应急照明的一部分或全部。

(5)警卫照明应根据需要,在警卫范围内装设。

(6)障碍照明的装设,应严格执行所在地区航空或交通部门的有关规定。

8.1.2　电梯、自动扶梯设备简介

地铁站内现有的电梯主要是垂直升降的载客电梯和自动扶梯两大类。垂直升降的电梯又分无机房客梯(观光客梯)和液压客梯两种。

自动扶梯是由一台特殊结构型式的链式输送机和两台特殊结构型式的胶带输送机所组成,带有循环运动梯路,用与建筑物的不同层高向上或向下倾斜输送乘客的固定电力驱动设备,是一种能连续不断运载人员上下的一

种电梯。

8.1.3 卷帘门设备简介

所有具有电动、手动提升,折叠功能的门体,称之为卷帘门。卷帘门门体采用优质不锈钢等材料制作,采用平行四边形原理交接,伸缩灵活。驱动器采用特种电机驱动,蜗杆蜗轮减速,并设有手动离合器,停电时可手动启闭。卷帘门为伸缩栅格型,具有启闭平稳、透视门体,开启后占用空间小等特点。

8.1.4 屏蔽门设备简介

屏蔽门是一项集建筑、机械、材料、电子和信息等学科与一体的高科技产品,使用于地铁站台。屏蔽门将站台和列车运行区域隔开,通过控制系统控制其自动开启。

地铁屏蔽门分为封闭式、开式和半高式,其中开式和半高式通常被叫作“安全门”,只起到安全和美观的作用。封闭式的通常才被人们叫作“屏蔽门”,也是最常用的一种。

地铁站台安装“屏蔽门”有效地减少了空气对流造成的站台冷热气的流失,保障了列车、乘客进出站时的绝对安全,降低了列车运行产生的噪声对车站的影响,提供了舒适的候车环境,具有节能、安全、环保、美观等功能。

8.1.5 消防系统设备简介

我们常说的消防报警系统又称为FAS,是Fire Alarm System的缩写。其主要功能是在火灾发生后迅速报警并处理火情,是车站防火安全工作中重要的一环。当火情发生时能迅速、准确地发出火警信号并显示火情发生的地点、内容等信息。当火情发生后能立即处理火情,如启动防排烟系统、固定灭火系统、应急照明系统等。

消防报警系统具备自诊断功能,能及时报告系统各部分发生的故障。设有备用电源。当主电源失电时,能自动切换并启动备用电源,确保系统正常运行。系统自身具备记忆功能,能自动记录火情及故障发生的地点和时间,以备事后的查询和分析。

消防报警系统包括EST3消防报警联动主机、EST3气体灭火报警联动主机、电话主机、CGP图形显示系统、烟感和温感探测器、消火栓按钮、监视/控制模块、警铃、电话插孔、声光报警器、气体灭火盘等组成。

气体灭火盘的功能:监视本地车站单个气体灭火保护区的火灾、故障、状态信息,并将信息传送到本站FAS主机上,联动控制车站单个气体灭火保护区的警报及电磁阀等相关设备。

8.2 车站客运设施设备的基本操作

8.2.1 自动扶梯的基本操作

1. 自动扶梯启动方法

(1)查看出入口、梯级、扶手出入口、清洁情况,确认梯级梳齿部位梯级及梳齿部位出入口梯级、扶手等部位的清洁情况,梯级梳齿部位没有小石子或钉子之类的妨碍运行的杂物。

(2)确认自动扶梯上没有乘客或异物后,将钥匙插入"启动开关",转至"上行"或"下行"侧,并保持1秒以上,启动自动扶梯。

2. 自动扶梯停止方法

(1)确认无人站在扶梯上后,将钥匙转至"停止"侧,使扶梯停止运行。

(2)如果在紧急的情况下要停止扶梯,可以按下扶梯的"紧急停止开关",使扶梯停止运行。

8.2.2 卷帘门的基本操作

1. 卷帘门的启动方法

(1)打开操作箱。

(2)确认卷帘门无人、物倚靠在门体上;确认门体完好。

(3)按下上升/下降键操作卷帘门,卷帘门自动上升/下降,确认卷帘门开启良好无异声。

2. 卷帘门的停止方法

(1)打开操作箱。

(2)按下停止键,卷帘门停止在当前状态。

8.2.3 其他设施设备的基本操作

防毒面具的使用方法:

(1)将防毒面具置于正确的佩戴位置。

(2)将防毒面具上各松紧带拉紧,使防毒面具紧贴面部。

(3)取下滤毒罐罐盖和底塞。

(4)将滤毒罐与防毒面具下部的衔接口通过旋转的方式连接紧密。

(5)用手掌或滤毒罐底塞堵住滤毒罐的进气口,然后用力深呼吸数次,如没有空气进入,则此套面具气密性较好。

(6)使用完毕后,退至无毒区,用力拉住上侧左右两个扣环,使紧贴面部的防毒面具松开。

(7)用手抓住通话器部位,稍向下用力,自下而上地脱下面具。

(8)拧下滤毒罐。

(9)将滤毒罐拧上罐盖,塞紧底塞。

8.3 车站客运设施设备操作的注意事项

8.3.1 电梯设备的操作注意事项

(1)客梯不得装载超高或大型货物。

(2)如需用电梯搬运货物,经同意后方可使用电梯。

(3)请勿在电梯内吸烟、进食、饮水。

(4)请正确使用操作键盘,勿随意乱按电梯操作盘按钮。

(5)请勿在电梯内嬉笑打闹或做剧烈运动。

(6)不要强行扒门或蹬踹电梯门。

(7)进入电梯前,一定要注意观察电梯轿厢是不是在相应楼层位置。

(8)电梯在正常运行中,楼层门和轿厢门都应处于关闭状态,如果发现电梯门没有关上就运行,说明电梯有故障,这时千万不要乘坐。运行过程中请勿左右晃动,保证其平稳运行;避免中途意外停梯,卡滞。

(9)乘坐电梯时不要在电梯楼层门与轿厢门之间过多逗留,以防电梯在意外故障状态下突然运行而造成剪切。

(10)装载货物时不得碰撞楼层门和轿厢。

(11)客用电梯应尽量避免当作货梯使用,如无法避免,请尽量在搬运时动作不要太大,因其构造强度略小于货用电梯。

(12)货物的重量应最多为其载重量的80%,货物的高度应小于2 m。

(13)搬运货物时最好有专职人员操纵电梯,或置于司机控制状态,以防轿门反复开关导致系统保护。

(14)做好轿厢内壁及顶部装潢板的保护,以防划伤或将灯管破碎伤人。

(15)发现异响、异味请及时与专业人员联系。

8.3.2　自动扶梯的操作注意事项

(1)自动扶梯只能运送人,禁止运送货物。

(2)禁止将脚手架、扶梯、人字梯架设于自动扶梯之上。

(3)应参照正常停止扶梯的方法,把扶梯完全停止下来,再参照启动扶梯的方法,按新的运行方向开始启动扶梯。

(4)严禁在扶梯运行中或扶梯没完全停下来就把钥匙插进去转至运行的另一方向。

(5)启动时应密切留意自动扶梯的运行情况,一旦发现有异常声音或震动时,应立即按下"紧急停止按钮",停止自动扶梯运行,并通知专业人员检修。

8.3.3　屏蔽门操作注意事项

(1)操作人员必须向相关人员(OCC行调或车控室值班员)发出操作请求,取得允许后方能操作。

(2)检查端门、应急门是否正常锁闭,屏蔽门门体有无破损,站台侧屏蔽门有无渗水现象。

(3)注意观察站台人群拥挤情况,严禁没有警告及防护措施不当时开启屏蔽门。

(4)操作时发现屏蔽门有异声应立即停止操作屏蔽门。

(5)对屏蔽门发出一次操作指令后,在该指令未完成之前严禁再次发出其他指令。

8.3.4 卷帘门操作注意事项

(1)开启前应仔细观察卷帘门外观门轨、门扇有无变形、卡阻现象。控制盒安装是否稳固,有无电线外漏。如发现异常应及时通知检修人员,待故障排除后 方可使用。

(2)在卷帘门上升(或下降)过程中,操作人员不得擅自离开操作地点,应密切注意启闭情况和执行情况,如有异常响动或门扇运行不平稳的情况,应及时按动停止按钮,切断输入电源,及时通知检修人员,待排除故障后方可重新操作。

(3)在操作上升(或下降)过程中,操作人员应密切注意卷帘门应上升(或下降)到限位位置时能否自动停车,若不能,应迅速手动停车,且必须待限位装置修复(或调整)正常后方可重新操作。

(4)在启闭时卷帘门下面不准有人、货物、车辆站立、通过,以防止行程开关失灵,卷帘卡死,电机受阻和发生其他事故。

(5)使用卷帘门时,升起高度以能通过车辆货物为限,禁止一次性升到最高限位。

(6)卷帘门为货物、车辆通行通道,出入车间的人员请走侧门或绕行其他入口,不得为方便私自开启卷帘门通过。

(7)卷帘门使用完毕后要及时关闭,禁止长时间开启。

(8)禁止高度、宽度大于卷帘门门框高度、宽度的货物或车辆通过,防止撞坏门轨、门扇,影响卷帘门的正常使用和使用周期。

(9)卷帘门运行、滑行、传动等部位应定期检查(至少每年 2 次),并根据需要及时加油,以保证卷帘门的正常使用。

(10)卷帘门门帘和易锈部位,应进行定期防腐、油漆及保养处理,禁止用重物、硬物冲击门面。

(11)定期对卷帘门的控制盒、外导轨、门扇进行检查。

8.4　车站固定消防设施的组成及基本操作

8.4.1　车站固定消防设施的简介

地铁车站有其特定的建筑特点：空间相对封闭，疏散通道有限；人流密集，各种设备集聚且管线纵横；热负荷大、散热困难。地铁车站最可能遇到的灾害主要是火灾。因此，车站已设置了各种自动监控系统，如 FAS、SCADA、BAS、自动消防设施(如气体灭火系统、固定喷水灭火系统)等。

火灾自动报警系统(FAS)是一种早期火灾探测系统。它是通过火灾探测器捕捉燃烧物在阴燃阶段释放的烟雾、温升等，探测早期火灾信息，经智能模块对比、分析、确认后向车站消防主机报警，消防主机确认后启动火灾工况程序，自动或手动启动各种消防设施。

火灾自动报警灭火系统是当前消防工程中运用最为广泛的一种。当设备设置在自动状态时，它能帮助人们日夜监视整个建筑的火灾情况。当某处发生燃烧或在初期阴燃状态时，火灾控测器便能探测到浓烟或温度升高，且自动将所探测到的火灾信号发送到消控中心的报警控制器，控制器便会自动在该区域发出报警信号(声或光)，同时发出各处指令，如打开排烟口、排烟风机，或打开正压送风机，使电梯迫降至首层，关闭中央空调以及与消防设备无关的电源等，并将报警部位(地址)和时间打印出来。在控制主机上还可人为地启动消防水泵和防烟、排烟风机，起到协助人们逃生的作用。

8.4.2　车站固定消防设施的组成

1. 烟感探测器

烟感探测器主要分为离子感烟和光电感烟两类。探测器内部使用一节 9 V 层叠电池供电，工作在警戒状态时工作电流仅为 15 μA，报警发射时工作电流为 20 mA。在工作状态中，工作指示灯每隔 60 秒闪烁一次，表示传感器工作正常，当探测到初期明火或者烟雾达到一定浓度时，传感器的报警蜂鸣器立即发出 90 dB 的连续报警，工作指示灯也变成快速连续闪烁，同时无线发射器发出无线报警信号，通知远方的接收主机，将报警信息传递出去。

2. 水灭火系统

水灭火系统分为自动喷淋灭火系统和室内消火栓系统,是目前各类灭火系统中应用最为广泛的一种,其灭火介质为水,具有环保、廉价、无污染、取之方便的特点,在上海和南方地区使用较为普遍。自动喷淋灭火系统的喷头采用的是感温元件,当达到一定温度时(上海及南方地区为 68 ℃),即刻能自动打开喷头的堵水阀,水由压力作用流出,由于管道内水压的变化(变小),自动启动湿式报警阀组,再由压力开关直接启动喷淋泵进行加压,从而达到灭火的效果。室内消火栓系统是普遍使用且行之有效的灭火方式。当发生火灾时,只需人为启动消防按钮,消防泵即刻给系统加压,打开消火栓后充实水柱由水枪射出,直接射向火源,达到灭火效果。

3. 气体灭火系统

气体灭火一般使用在较为重要的特种场合,即不能用水灭火的部位,如机房、数据中心、电子产品等贵重物品的储存场所。气体灭火的药剂目前常用的是七氟丙烷、二氧化碳。其工作原理是:当被保护区域内的探测器探测到火灾时,由一个感烟探测器通过报警控制器报出火警的部位,并同时关闭相关空调和非消防电源,启动相应防、排烟风机。当感温控探测器再一次将火灾信号送至报警控制器时,这时控制器将发出指令(联动),启动该区域声光报警装置,并延迟一定时间(一般为 30 秒)启动气瓶的电磁阀,将灭火气体释放出来,被释放的气体沿管道到达需灭火的部位进行喷放灭火。

4. 防排烟系统

防排烟系统实为防烟系统和排烟系统,一般设在地下室、车库、消防电梯前室、会议中心及人员较为集中、面积较大的公共场所,所起的作用就是"避烟"。众所周知,当发生火灾时,大部分人都是因浓烟窒息而死,所以避烟是关键。在上述场所设置该系统后,就能有效的排出浓烟,同时补充新鲜空气,该功能既可人工操作,也可通过火灾报警控制器自动启动该设备。

5. 防火卷帘门

防火卷帘一般起到两种作用:第一种是用作防火分割,即当某防火分区发生火灾时,位于防火卷帘上方的火灾探测器探测到火情,将该信号发送至报警控制器，通过事先的编程，控制器就会自动将该卷帘关闭，防止火灾的蔓延，起到防火分隔的作用；第二种是作为防火通道的卷帘门，当探测器的感烟探测器探测到有浓烟时，将信号送至报警控制器，由控制器发出指令，将防火卷帘门降下至距地面 1.8 m，并发出报警信号，以便在里面的人员能尽快疏散，当感温探测器探测到较高的温度后，控制器再一次发出指令，使卷帘门降至地面，关闭防火分区，达到防止火灾蔓延的作用。以上动作均可人工手动操作。

8.4.3 车站固定消防设施的基本操作

1. 消火栓的基本操作

(1)开启箱门或击碎门玻璃。

(2)开箱后，从消火栓箱中取出水带、水枪。

(3)检查水带及接头是否良好，如有破损，禁止使用。

(4)将水带与消火栓连接，将连接扣准确插入滑槽，并按顺时针方向拧紧。

(5)向火场方向铺设水带，注意避免扭折，并将水枪接在消防水带上。

(6)连接完毕后，一手握水枪头，一手拿水带，并将水枪顶在腰部，蹲马步，将水枪头对准火源根部(严禁对人，避免高压伤人)，另外一名操作者缓慢打开消火栓阀门至最大，按动水泵启动按钮，对准火源根部喷射进行灭火，直到将火完全扑灭。

(7)待火灾消灭后，关闭阀门，从水带上取下水枪，将水带卷起，卷好的水带连同水枪一起置于水箱内，最后关上水箱门。

2. 自救盘的基本操作

(1)打开箱门。

(2)打开进水阀。

(3)拉出水管，并对准火源根部打开枪口出水阀。

(4)使用完毕后，先关闭枪口出水阀，再关闭进水阀。

(5)将水管复位，关闭箱门。

8.5 车站设备故障处置

8.5.1 屏蔽门故障处置

1. 列车到站后或发车前,一个不能正常打开或关闭时站台人员的操作

(1)发现屏蔽门故障或门头指示灯报警时,立即将故障门模式开关置于“隔离”位(旁路),将情况报车控室(出现二扇及以上滑动门故障或模式开关不能正常使用,站台人员无法及时全部将模式开关置于“隔离”位(旁路)时,按要求采用先发车后处理)。

(2)引导乘客从正常滑动门上下车(当一节车厢对应屏蔽门全部不能正常开启时,需至少手动打开一扇滑动门,引导乘客上下车)。

(3)处理完毕后前往头端墙 PSL 确认关闭锁紧灯是否点亮,如不亮使用互锁解除发车。

(4)车门关闭后,确认站台安全向司机显示“关门良好”信号。

(5)待列车发车后,张贴故障告示,对无法关闭的滑动门须手动进行关闭。

(6)对手动不能关闭的滑动门,加设安全防护栏,并加强监督防护。

2. 列车到站后/发车前,数个滑动门不能正常打开/关闭时站台人员的操作

(1)当两扇及以上滑动门出现故障且处于关闭状态时,车站人员先不对滑动门进行旁路处理,直接采用互锁解除接发列车。

(2)当三扇及以上滑动门出现故障且处于开启状态时,车站人员先不对滑动门进行旁路处理,只需做好安全防护措施,不需采用互锁解除接发列车。列车出站后,车站利用行车间隔将故障滑动门进行旁路。

8.5.2 电梯故障处置

(1)电梯发生故障时,应首先通知装备部门切断电梯电源,为了使电梯尽快重新运行,要把故障情况及时、详细地报告给值班员,以便安全、快捷地进行维修。故障处置方法:

①关不上电梯门时，检查开关盒内的开关设定位置是否正常。

②电梯门不能完全关上时，检查门槛槽内有无故障物。

③检查电梯是否有人为阻碍，例如杂物阻止门的关闭，轿厢门的安全触板被强行动作等。

(2)人被困在轿厢内的处置方法：

①在电梯使用过程，一旦遇停电或电梯故障，电梯里的人不要惊慌，应立即打电话通知值班员，应与轿厢内的人通电话，保持镇静，询问有无受伤，如有人受伤，应拨打电话120。

②停电时，告诉轿厢内的人停电的实际情况，劝其不要试图逃出轿厢(轿厢内辅助照明灯 会自动照亮)，以免造成不良后果，待电源恢复接通后，只要按轿厢内或门厅的楼层按钮，轿厢就会启动。

③如停电时间过长，只有已受过培训的专业人员，在确保安全的情况下救出被困人员。

8.5.3 自动扶梯故障处置

(1)错误使用紧急暂停制发现因紧急暂停制被关闭而使自动扶梯暂停时，应重新开启。注意：重新开启时，应确保自动扶梯上没有乘客。

(2)电源发生故障当电源恢复正常时，可用开关开启自动扶梯。注意：当电源发生故障时，应做好防护措施。

(3)发现不正常的杂音(连续或间歇)和振动的位置(如顶部、底部或中间)等，应立即关闭扶梯及通知值班员。

(4)发现有异味或冒烟时，应立即关闭扶梯，采取适当行动及通知值班员。

(5)发现玻璃护壁板破裂时，立即关闭扶梯并通知保养人员更换。

8.5.4 卷帘门故障处置

(1)卷帘门无法使用，确认电源是否完好，排除电源故障的情况下，使用手动方法操作卷帘门。

(2)准备好扶梯及相应工具。

(3)放置手扶梯。

(4)上梯打开检修口。

(5)找到卷帘门电机旁的手动链条,将手动链条从卷帘门包箱中取出,自然垂下。

(6)用卷帘门电机自带的链条手动提升或放下卷帘门,使用完毕后将检修盖板关闭。

第 9 章　客流组织及突发事件处置

9.1　客流组织的原则

地铁车站客运组织，主要是指经过车站设备、设施和空间的分析，根据车站某个时间段的进出车站乘客数量进行测量，制定符合地铁车站实际情况的乘客进站、乘车、换乘、下车、出站的疏导、引导方案，以及根据方案进行车站行车、票务和服务人员的组织。

车站客运组织的主要内容包括车站售、检票位置的设置、车站导向的设置、车站自动扶梯的设置、隔离栏杆等设施的设置以及车站广播的导向、售、检票数量的设置、工作人员的配备、应急措施等。车站站务员在进行客流组织时，除听从站长命令外，应掌握以下原则。

9.1.1　提高客流流速

1. 监护设备，发现故障及时报修

设备故障，如闸机、自动扶梯故障，将减缓乘客进出站速度，一旦发现设备故障，必须及时报修，在一时无法修复的情况下，进行客流疏导，加速客流流速。

2. 注意人流，发现拥堵及时疏导

密切关注车站客流瓶颈口，一旦发现出站拥堵，必须及时疏导，防止拥堵。

9.1.2　减少客流对冲

1. 合理设置服务设备、设施，减少对冲点

由闸机进出站设置、自动扶梯上下行设置不合理，可能会引起客流对冲点，因此在设置设备时，必须考虑客流走向，同时结合车站自身结构特点，尽量避免对冲点的形成。

在客流走向的设计时，除了尽量减少走形路径外，必须兼顾安全，必要时，为了减少对冲，确保安全，可适当延长乘客走形路径。

2. 关注客流对冲点，发现拥堵及时疏导

对部分暂无法避免的对冲点，必须密切关注，一旦发现及时疏导，防止因客流较大或乘客纠纷引起拥堵，影响其他乘客的出行。

3. 引导乘客在候车区等候，列车到站先下后上

目前地铁的列车候车方式为中间下车，两侧上车，部分候车乘客站立于下车区域，将影响下车乘客通行，同时造成客流对冲，减缓上下车速度，容易引发纠纷，因此，在站台维护秩序时，需及时提醒乘客在两侧候车，列车到站后，先下后响。

9.1.3 积极站台疏散

1. 疏导站台客流，避免客流滞留在楼梯口，阻挡其他客流

部分乘客乘坐自动扶梯或楼梯至站台后，便站在原地候车，不再走动，高峰期间，因站台面积有限，客流较大，部分车站容易在楼梯口客流密集，影响后续上梯乘客后其他乘客的通行。对楼梯口乘客需进行疏导。

2. 疏导乘客分散候车，不拥堵在个别车厢门口

高峰期间，车厢拥挤，如乘客聚集在一起，将造成部分车厢严重拥挤，后续乘客无法上车，需等待后续列车，而其他车厢相对较空，但无人上车，因此，按照规律，掌握本站高峰期间较空车厢位置，引导乘客分散候车，减少乘客等待时间。

3. 不同编组列车积极引导，避免列车进站后奔跑

对于编节组不同的列车，如 8 号线，有 6 节编组及 8 节编组，当发现乘客站在 7、8 节编组处，而后续列车为 6 节编组时，需及时提醒乘客，避免列车停稳后，乘客发现无法乘坐而奔跑，与出站乘客形成对冲。

4. 运营信息及时告知

当运营发生延误或调整时，需及早告知乘客，同时，按照需要进行客流引导。如跳停，建议乘客耐心等候。如反向运行，需及早告知乘客至对侧站台候车，避免列车到站后，乘客发现无法乘坐，引起不满及混乱。

9.2　客流组织的基本方式

评价车站客运组织优劣的标准是车站通过能力，车站通过能力是指车站整体设备在正常情况下，车站所能通过的最大客流量。其中车站出入口、进出闸机、站厅及站台自动扶梯口影响通过能力，是做好车站客流组织的关键。其次，通过导向系统、广播系统、导乘系统等辅助手段提高客运组织的灵活性和高效性。最后，通过提升员工操作水平和服务质量、合理安排人员布置到岗，提高乘客服务的效率、在设备设施不足及故障情况下，通过人工补偿服务予以弥补。车站服务设施位置设定、费区设定均已固定，作为车站站务员，在进行客流组织时，结合已有设备，可以通过以下方式进行客流组织。

1. 合理设置双向闸机

按照客流走向，可将双向闸机分早晚高峰分别设置，如有文体活动附近车站，可按照活动开展前后设置双向闸机方向，活动前设置为出站，活动结束后设置为进站。

2. 合理设置自动扶梯方向

(1)向上为主

乘客向上行走较向下行走吃力，因此，在仅有一部电梯的情况下，主要考虑向上开启，方便乘客。

(2)右侧通行

按照中国人右侧行走的习惯，如有两部以上并列的电梯，按右侧通行的原则开启，即在电梯下端时，右侧开启方向为向上，左侧开启方向为向下。

3. 合理使用临时导向(隔离栏、引导牌、广播)

在客流较大时，或有对冲时，充分利用隔离栏、一米栏、引导牌、广播喇叭等设备进行引导，将对冲点分离，同时遵循右侧通行原则。摆放时避免影响乘客通行，避免乘客无法看清。

4. 主动导乘服务

由于车站设备大部分为自助式，部分乘客无法独自操作时，站务员可及时指导,帮助乘客使用,如自动售票机,由于一位乘客的长时间操作,可能会引起后续大量乘客的等候,或者闸机刷卡方式的错误,导致乘客无法进出站,阻挡其他乘客通行,此时,站务员需及时主动指导,帮助乘客快速、正确使用,减少其他乘客拥堵、等候。

9.3 大客流事件应急处置要点

突发大流量事件是指由于各种非政治性因素致使车站在某一单位时间内候车、停留的乘客超过了该站设计许可的客流容量,并有继续增加的趋势,对此如不采取紧急措施将极有可能发生人员伤亡事故或意外的事件。

9.3.1 车站处置原则

(1)处置大客流爆满事件时应遵循"确保安全、统一指挥、措施有效、合理引导、及时疏散"的原则。

(2)做到"一化解、二疏导、三封堵",对经常性的或可预见的客流爆满采用增加运力办法解决;对突发的或超出预见的客流爆满要加强客流组织工作,做到有序进站,有序上车;对暴涨的客流,一时难以疏导时,经请示同意可采取必要的限流措施或封站。

9.3.2 职责分工

(1)运营公司。车站是大客流现场处置工作的责任主体,负责根据大客流形成规律、人员规模,加强客流实时监控,预判变化趋势,实施现场客运组织,落实信息反馈,及时启动大客流应急响应预案。根据现场情况提出运营调整需求,并做好维保、资产、警务、志愿者等力量现场对接。运营公司负责组织加强站点联动,根据客流变化落实人员、物资装备的调配或补充。

(2)运管中心。负责大客流组织的统筹和协调,落实路网运营监控及大客流处置的协调指挥。OCC负责加强与线路站点客流检测对接,做好线路运力调整,及时预判故障情况,发布突发故障预计影响运营时分。COCC负责路网运营协调与应急指挥,督促运营单位做好预案应急响应,做好应急处置信息流转，加强与上级行业管理部门和轨道公安协调联动。媒体管理部门负责收集和发布运营信息，加强客流引导方案的宣传，服务监督热线做好乘客咨询、解释及反馈情况。

(3)维保公司。负责建立和完善抢险救援工作机制，根据实际情况及时启动抢险救援应急响应，组织力量增援车站实施大客流处置。

9.3.3 大客流疏导措施

大客流疏导措施按照等级顺次递增强度。具体措施如下：

1. 对三级大客流，重点采取措施

车站是大客流处置工作的责任主体。车站立即组织站内力量在站台站厅、上下楼梯、出入口通道、换乘通道等车站处加强疏导，单向关闭换乘通道、车站进站闸机，对出入口、楼梯实施限流，加强现场广播告知，设置临时导向指示标志，控制客流风险点，统一调配站内增援力量(含维保、资产人员)。落实信息传递，并视情向 OCC 请求调整列车运行方式。对车站启动二级大客流响应预先准备。

2. 对二级大客流，重点采取措施

运营公司根据车站险情点数量，立即安排足够的应急增援力量赶赴现场，对换乘通道采取单向或双向关闭措施；对出入口、楼梯实施限流；视情关闭部分客运设施；关闭部分商铺、报亭等商业网点；在站台站厅、上下楼梯、出入口通道、换乘通道等处增设人员，加强现场广播告知，设置临时导向指示标志；必要时向 OCC 请求调整列车运行方式(加开、跳停等)。

3. 对一级大客流，重点采取措施

车站停止客运服务，换乘通道双向关闭，各出入口实行“只出不进”管控措施；在重点部位增设疏导岗位及人员，并加强广播宣传引导；车站按规定流程及时上报相关信息。

9.3.4 站台站务员处置要点

1. 密切注意客流变化，及时报告

密切注意站台内的客流变化情况，及时向值班站长和车站值班员报告。

2. 维护安全,宣传引导

根据指令做好加开载客和通过列车,进站时的站台安全维护,乘客解释工作,引导乘客站在安全线内候车。

3. 监护站台、防止挤伤

保持站台通道畅通,做好宣传工作稳定乘客情,监护站台乘客情况,防止发生乘客挤伤。

4. 按照命令,及时疏散

根据命令按照预案引导乘客及时疏散客流,并将乘客疏散情况向车站值班员汇报。

5. 恢复正常、及时汇报

站台秩序恢复正常后,及时向车站值班员汇报。

9.3.5 服务中心站务员处置要点

1. 有序引导,限制客流

根据指令引导乘客有序、分批通过闸机,限制进站客流。

2. 保护票款、宣传解释

做好服务中心的票款保护、乘客解释工作。

3. 根据指令,及时退票并宣传

发生有大量乘客要求退票时,及时领取应急包,根据指令为乘客办理退票,并做好赠票和致歉信发放的工作。及时向要求退票的乘客解释(凭单程票和交通卡内记录7天内可在轨道网络各站服务中心办理退票),减少乘客在车站的滞留时间,并准备好零钱为坚持要求退票的乘客办理。

4. 恢复运营,统计票务数量

根据指令统计退票及致歉信发放数量,汇报乘客情况及应急备品的使用情况。

9.3.6 其他站务员处置要点

1. 协助退票、宣传解释

根据指令至服务中心,做好退票和客运解释工作,向退票的乘客解释

（凭单程票和交通卡内记录 7 天内可在轨道网络各站服务中心办理退票），减少乘客在车站的滞留时间。

2. 引导出站，维护秩序

按值班站长命令，至站台或服务中心帮助引导乘客有序出站，做好乘客退票解释工作。

9.4　客伤及道床伤亡突发事件应急处置要点

9.4.1　客伤事件总体处理程序

1. 了解

（1）听取自述：事发时间、地点（计费区内或外，有票或无票）、原因、现场处理。

实地了解：事发地点、现场工作人员掌握情况、现场初始处理状况。

注：①如现场已无法调查、取证，应根据伤害的现象及程度证实情况。

②做好记录，汇报分公司调度。

2. 取证

乘客本人笔录材料，现场工作人员笔录材料，车站调查笔录材料。

注：①要求本人提供材料时，应观察伤害程度掌握在治疗前或后作笔录，避免耽误时间影响治疗。

②如乘客不能自写时，由车站站长代笔书写，乘客亲笔签字。

3. 处理

（1）听取乘客提供的处理要求，有根有据。

（2）分析事发原因：按《轨道交通管理条例》进行解释和宣传工作，包括车站所具备的各类防范措施。如：乘客须知、警示牌、警示标志，车站及车厢内广播。

（3）听取乘客意见，对事发的原因是否存在由于地铁服务工作未尽责而引起的。

（4）根据事发的性质掌握应归入哪一类，了解乘客的具体状况（在职、经济、户口所在地、医保）。有针对性地提出处理意见与乘客协商，取得相互谅解,达成共识。

(5)本着通过与乘客协商解决问题的态度与乘客分析,对不同的情况在协商的同时区别对待。

4. 签协议

(1)甲方为地铁运营公司,乙方为事发当事人或委托代理人。

(2)概况:发生的年、月、日时间,乘客姓名,事情的真实过程,医疗部门的诊断、治疗过程。

(3)协议内容:发生原因,性质,考虑因素,双方协商结果,最终处理,甲、乙双方签字。

(4)填写领款书:金额栏须正规填写,由甲方经办人与乙方领款人签字。注明日期。

注:①避免谈论有关责任归属问题,不讲有损地铁形象的话,要有地铁一盘棋的意识。

②了解掌握医保政策,统计治疗费用应根据付费项目确定实际支付金额。

③收取经统计的全部有价凭证及医疗部门诊断的有关凭证。

④协商未成意见有分歧可以再次协商,或采取缩小分歧距离。考虑地铁声誉不宜激化矛盾扩大事态。

5. 汇总资料

(1)当事人自写或代笔材料(当事人签字)。

(2)当事人身份证复印件,如委托代理需另附代理人身份证复印件。

(3)车站调查证实情况材料。

(4)门急诊药费专用收据联,必要时拍片结论书。

(5)事故处理协议书及领款书。

(6)客伤处理单。

9.4.2 道床伤亡突发事件应急处置要点

轨道交通道床伤亡事故是指地铁运营时段内,发生乘客受伤或由于列车撞、轧而导致的人员伤亡的事故。

1. 车站处置原则

(1)属地管辖、各负其责;优先抢救伤者、尽快恢复运营。

(2)运营时段的道床伤亡事故,处置时间原则不超过20分钟。

(3)事件发生和处置过程中,现场任何其他工作人员不得发布信息,接受媒体采访,由主管部门统一安排。

(4)依法办事、按责论处、真诚待人、适时安抚、合理处理、控制费用。

2. 重大伤亡事故的报告顺序

(1)在运行正线区间内,由列车司机向行调报告。

(2)在车站管辖范围内的线路上,由该站行车值班员向行调报告,并向客运分公司调度报告。

(3)在车辆分公司所属管线内,由运转值班员向行调报告,并向车辆分公司调度报告。

3. 站台站务员处置要点

(1)及时报告

发现有乘客落入轨道发生道床伤亡时,及时将情况汇报给车站值班员。

(2)及时按压紧急停车按钮

按下相应区段内车站紧急按钮,阻止列车进入事件区段。

(3)封锁事发区域,保护事故现场

根据车站值班员命令封锁事发区域,设置警戒绳,防止他人进入线路,及时疏散围观人员、保护好事故现场。

(4)寻找目击证人

寻找并挽留目击证人(见证人须两人以上,一时不能留下,应记下见证人的姓名、地址、工作单位、通信电话)。

(5)配合站长下线路接送伤亡人员

配合值班站长下线路进行伤者的接送工作。

(6)处理完毕,清理现场

伤亡事件处理完毕,将现场杂物清除,清扫事发点,确认线路无异物后通知车站值班员。

4. 服务中心站务员处置要点

(1)保护票款、宣传解释

做好票款保管工作,向乘客做好解释,维护好现场秩序。

(2)引导处理人员进入

开启应急通道引导120急救人员和公安人员进入现场。

(3)退票、解释

根据值班站长命令,做好乘客退票解释工作。

5. 其他站务员处置要点

(1)退票准备

根据值班站长命令,至编码室准备应急包(零钱、致歉信等)送交服务中心,协助做好乘客退票解释工作。

(2)服从命令、支援、解释

随时听候值班站长或车站值班员的命令,做好乘客解释,站台、站厅各岗位支援工作。